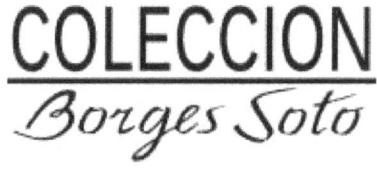

Como Dibujar Anime y Manga

Dibujo al Estilo Japonés

Proyecto de Arte

Roland Borges Soto M Ed.

Estimado entusiasta del arte:

Bienvenido a una nueva experiencia en la Colección Borges Soto. Todos nuestros libros de arte están cuidadosamente diseñados para ofrecer largas horas de sano entretenimiento y satisfacer la experiencia del aprendizaje.

Colección Borges Soto sabe que los artistas están en incesante desarrollo e interesados por aprender y mejorar sus habilidades y talentos. Cada publicación expandirá tus horizontes en el dibujo y la pintura y fortalecerá tus destrezas como artista.

Nuestro propósito principal con esta colección es proveer libros instruccionales para que puedas por ti mismo crecer artísticamente si es que no tienes la oportunidad de tomar clases de arte privadas o visitar algún taller de arte en tu comunidad.

Mis mejores deseos y éxito,

Roland Borges Soto E Md.
Artista y Profesor

Está prohibido reproducir el contenido de este libro en parte o en su totalidad para uso comercial sin el debido consentimiento por escrito del autor o la casa editora. Fotografía de dominio público cortesía de PEXELS.com

Todos los Derechos Reservados.

ISBN- 13: 978-1718738072

ISBN- 10: 1718738072

Publicación Centro de Arte © 1982-2018 Derechos Reservados

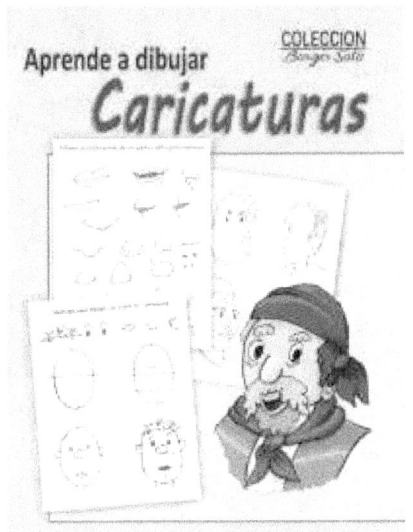 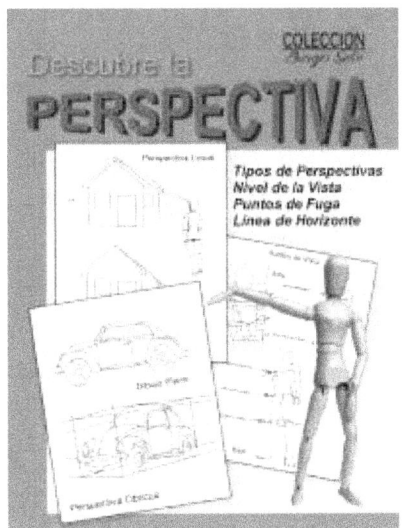 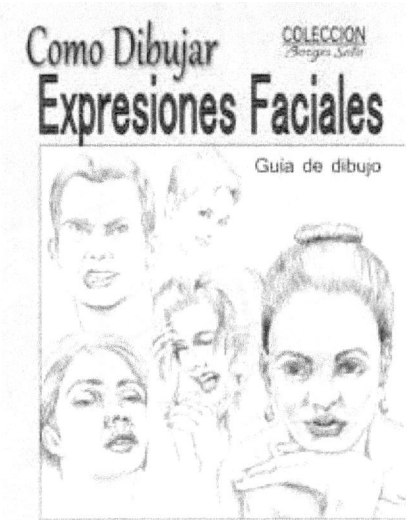

Este libro tiene como objetivo facilitar el estudio del dibujo al estilo japonés, especialmente como dibujar poses y movimientos naturales del cuerpo al estilo manga y anime. En volúmenes anteriores tratamos las partes, proporciones y forma de dibujar el cuerpo humano realista y en caricaturas, los que te pueden ayudar como referencia si eres un entusiasta de dibujar personas. Cada tema es tratado por separado para que puedas entender y completar tus dibujos satisfactoriamente.

Colección Borges Soto ha seleccionado modelos sencillos y diagramas simples para explicar las poses y la acción del dibujo manga y anime. Utilizamos un método simplificado que ha sido cuidadosamente puestos a prueba con el que podrás completar tus dibujos con magníficos resultados.

Cada libro está diseñado tanto para el aprendizaje formativo como para proporcionar horas de sano entretenimiento y diversión mientras desarrollas tus habilidades para dibujar animaciones al estilo japonés.

Materiales que puede necesitar

Estos y otros materiales para dibujo puede conseguirlos en su suplidor de equipo de arte más cercano, donde de seguro le explicarán con mucho gusto cómo utilizarlos. No es necesario el uso de materiales especializados, puede sustituirlos por los que tenga en tu casa. Puede usar un lápiz escolar número 2 que equivale a un lápiz de dibujo HB, papel suelto sin líneas o cartulina, cualquier goma de borrar, una regla, sacapuntas o cuchilla, bolígrafo o marcador fino, papel de lija fina como afilador, servilleta como difuminador o un palillo de algodón y laca de pelo por el fijador de dibujo.

¿Qué vas a aprender de este libro?

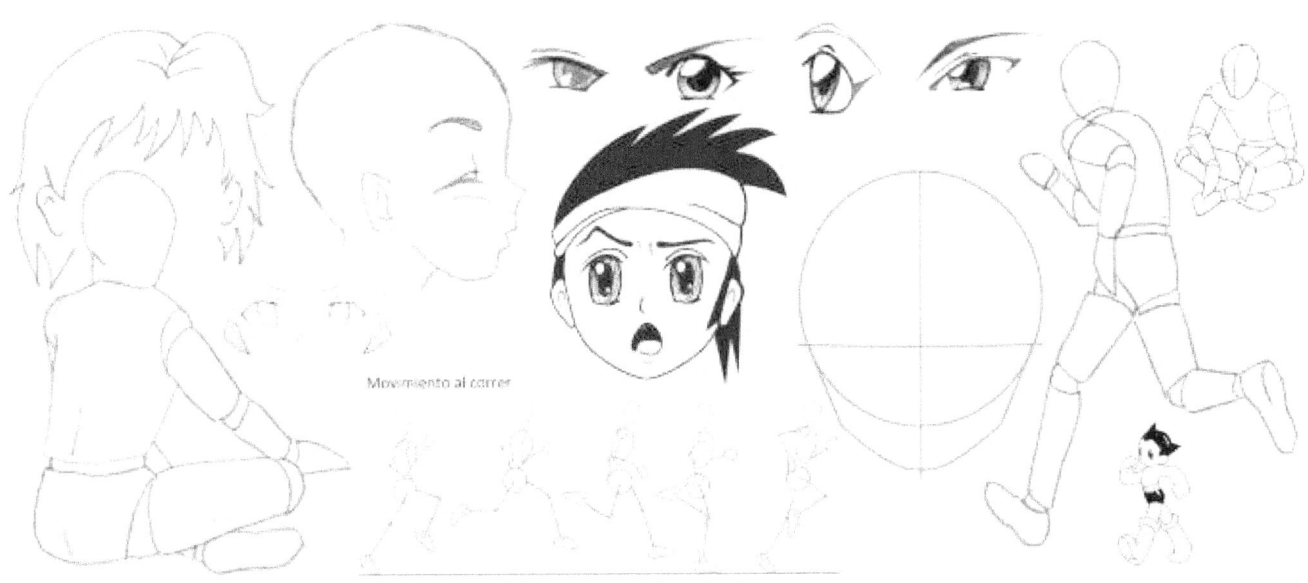

En este libro aprenderás a dibujar la estructura básica las partes del cuerpo y a identificar diferentes poses, movimientos y expresiones faciales para el dibujo japonés.

Conocerás las diferencias y similitudes entre los estilos manga y anime, Aprenderás a dibujar rostros femeninos y el masculino, ojos, pelos, narices, bocas y accesorios.

Podrás dibujar animes corriendo, saltando, bailando, caminando, jugando y practicando deportes entre otras posturas anatómicas.

Identificarás las diferencias entre los movimientos básicos y las variaciones de otras actividades humanas copiando los ejemplos y modelos que te presentamos en este libro. Aprenderás diversas técnicas y sugerencias para mejorar tus propios trabajos.

Introducción

Antes de comenzar a dibujar manga y anime es importante que entiendas a que nos referimos cuando queremos dibujar en estos estilos. El manga y anime es una manera artísticas japonesa para ilustrar comic y video juegos.

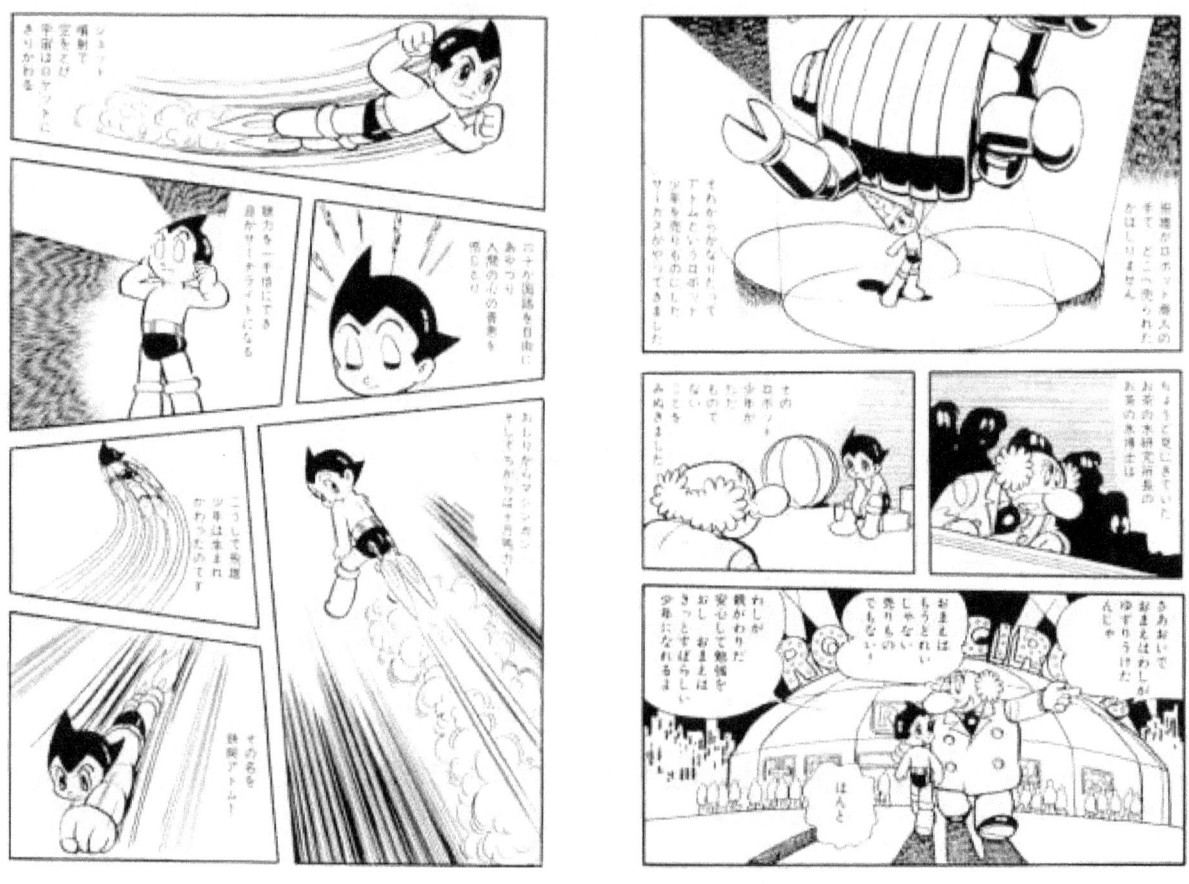

Reproducimos un impreso del comic de Astro Boy creado por Osamu Tesuka

Ambos estilos gráficos son muy parecidos entre sí, por lo que en este libro nos referiremos a uno y otro de semejante manera. En esencia el manga es la representación de la figura humana, sus expresiones y movimientos dibujados en estos estilos para un producto impreso, al igual que las historietas, tiras cómicas o comics.

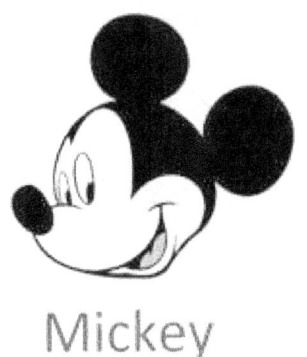 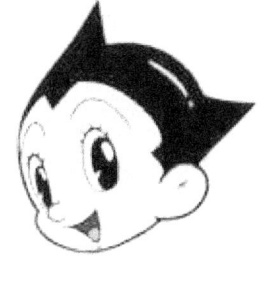 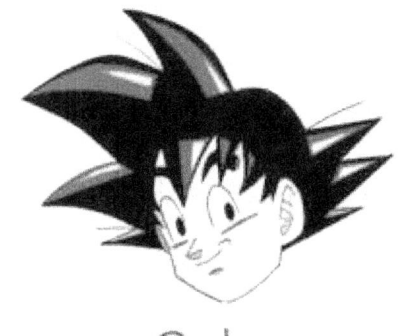

Mickey   Astro Boy   Goku

Por otro lado, el anime es la forma animada, de representar un comic en un cortometraje o en un video juego, el anime surgió con gran influencia de la época dorada de Disney. La influencia de la caricatura emblemática de Disney, es notable en algunos de los rasgos que caracterizan a los primeros animes japoneses. Uno de los primeros personajes manga lo fue Astro Boy ilustrado y escrito por Osamu Tezuka en 1952. Este personaje manga se convirtió en un anime para una serie de televisión en 1963 cuando fue doblada a otros idiomas y se hizo popular en America.

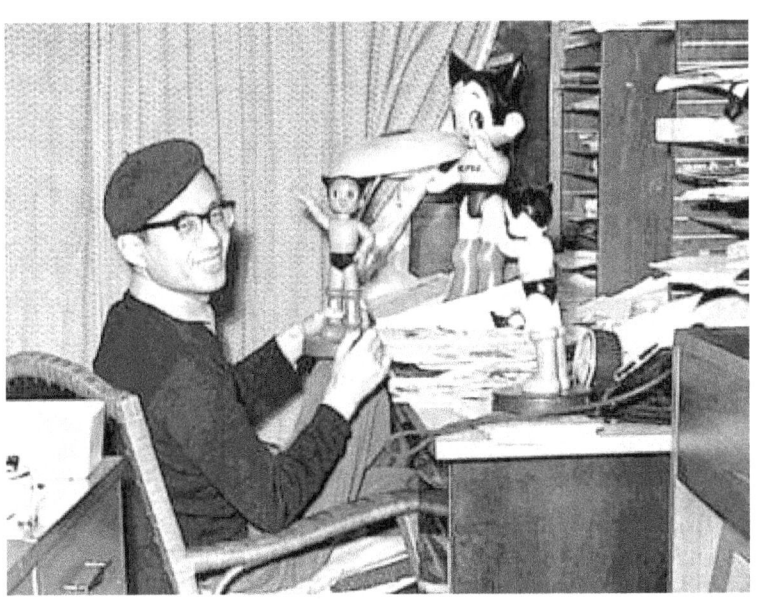

Dentro de la producciones en el mundo de los cortometrajes y video juegos anime, es habitual hallar además del contenido descriptivo de la historia, una presentación y cierre musical con excitantes animaciones.

La relación entre ambos estilos es muy enérgica, existiendo constantes adaptaciones de manga en anime o viceversa, lo que podría justificar la confusión entre ambos términos. Debido a esta analogía observaremos que el contenido gráfico y estilos de dibujar los rostros y las figuras son bastante similares, a diferencia de que mayormente el manga se dibuja para a ser reproducido en impreso en blanco y negro.

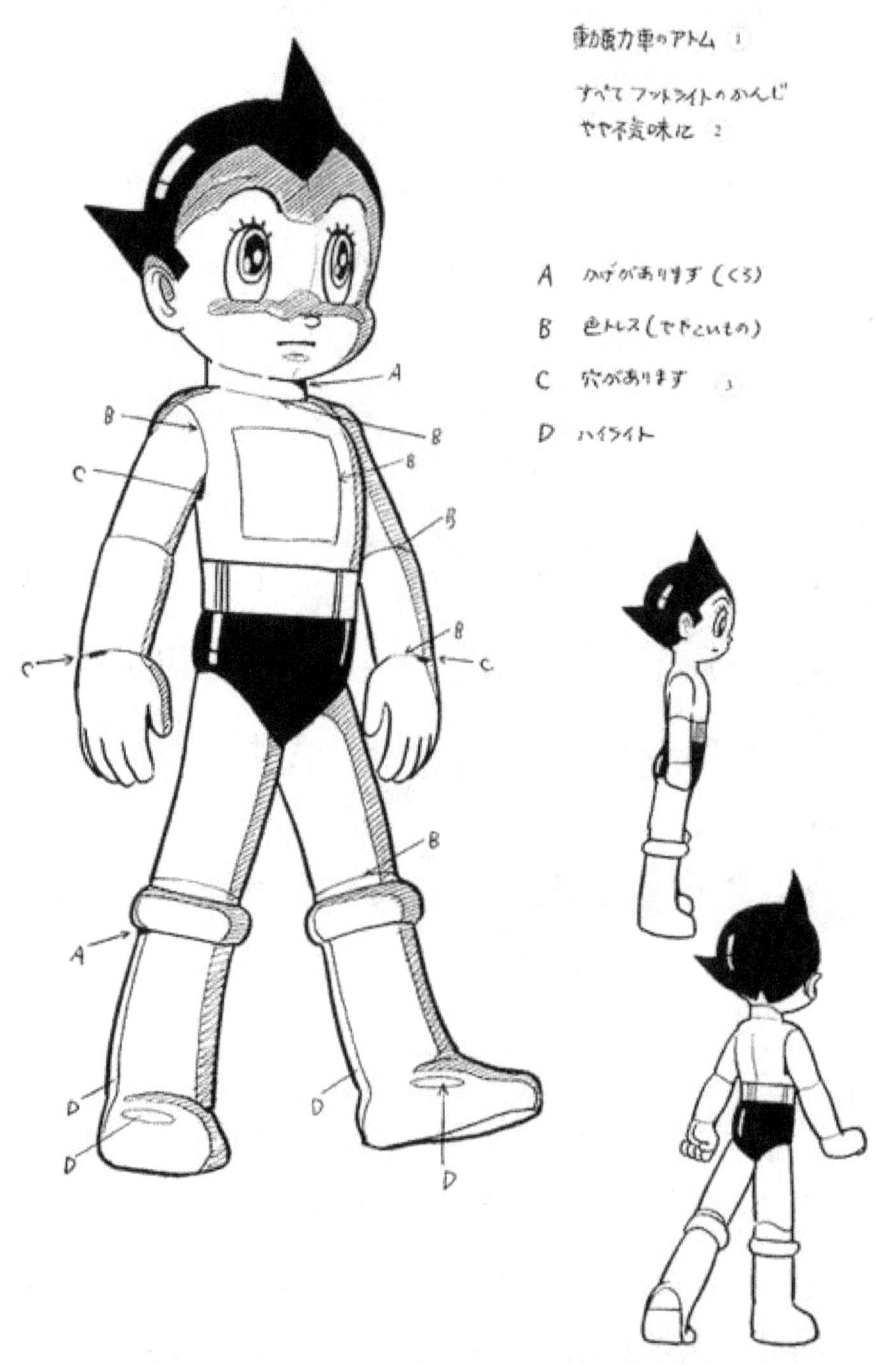

Detalles de Astro Boy, personaje creado por Osamu Tesuka en 1952

Comienza por lo básico

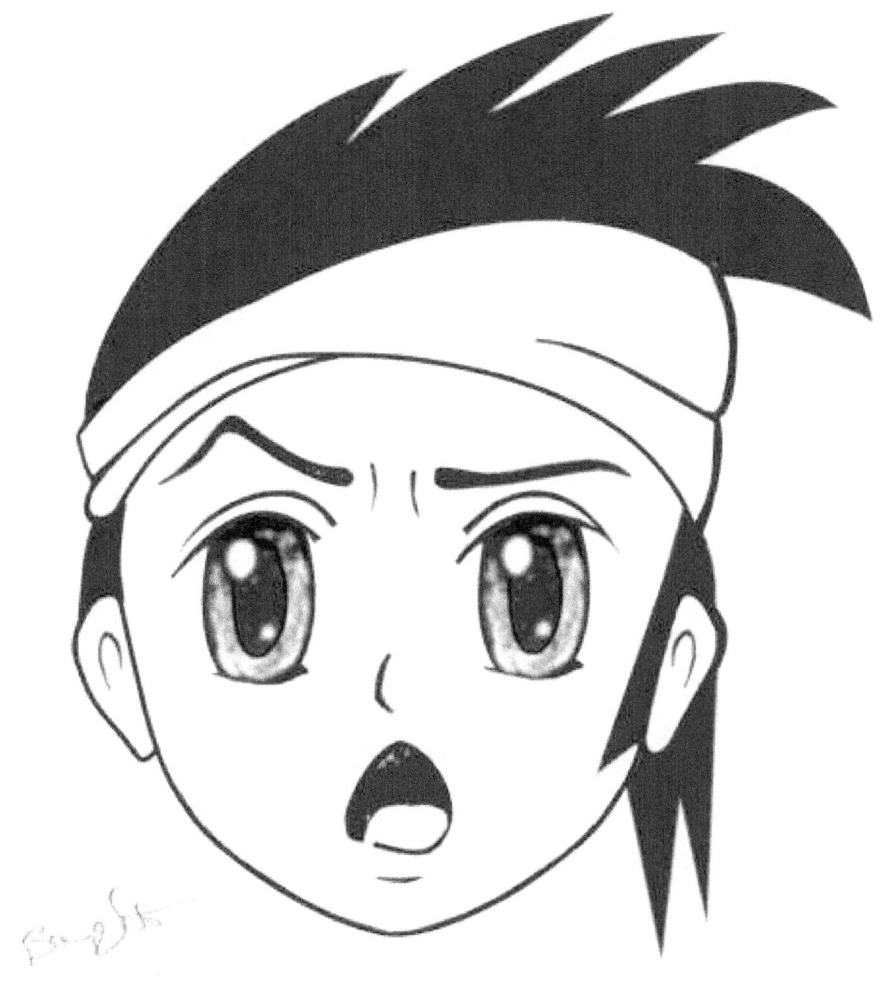

Abdacy Boy © 1998-2018 Roland Borges Soto

Establecidas la diferencia teórica entre lo que es manga y anime comencemos a dibujar paso a paso los diferentes conceptos del dibujo realista ajustado a la animación japonesa. Estudiaremos principalmente proporciones, perspectiva, anatomía y otros conceptos necesarios para que puedas lograr hermosos dibujos al estilo manga y anime. Usaremos en ciertas ocasiones comparaciones y referencias entre la forma realista de dibujar y la caricaturesca. Siempre que dibujes debes establecer las líneas guías, los ejes anatómicos y las formas básicas, para que sobre esta preparación puedas construir la pose de tu dibujo.

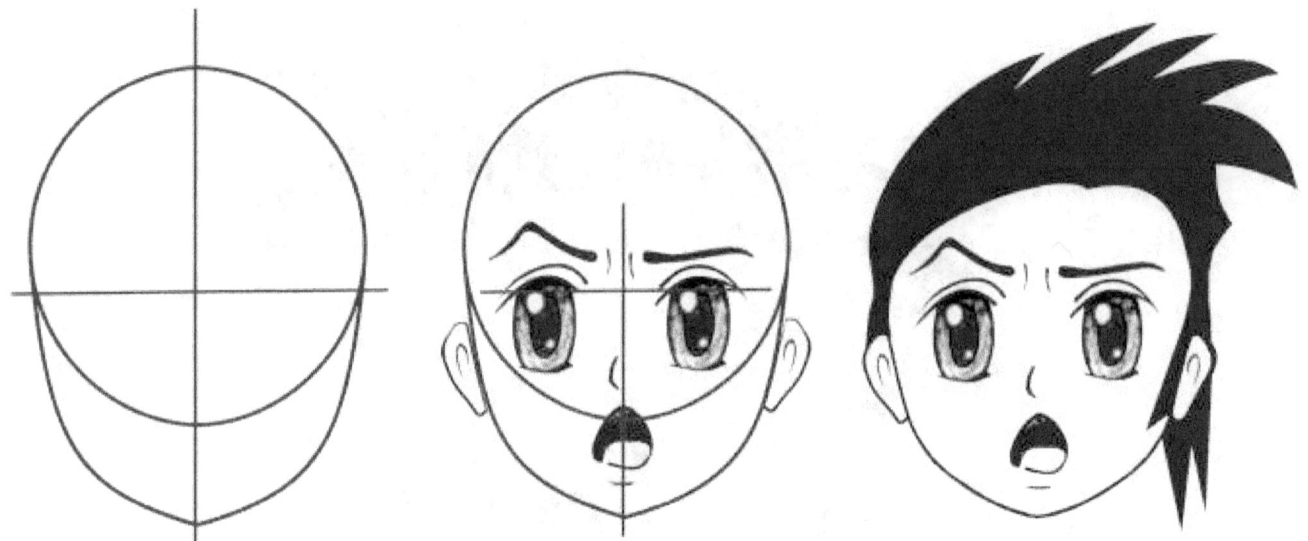

Cuando dibujes manga inicia con un patrón de la cabeza, luego agrega los ojos y las otras partes del rostro según la expresión facial que desees transmitir en tu dibujo. Por ultimo añade el cabello que es uno de los elementos característicos que distinguen a los animes.

Estilos de Ojos

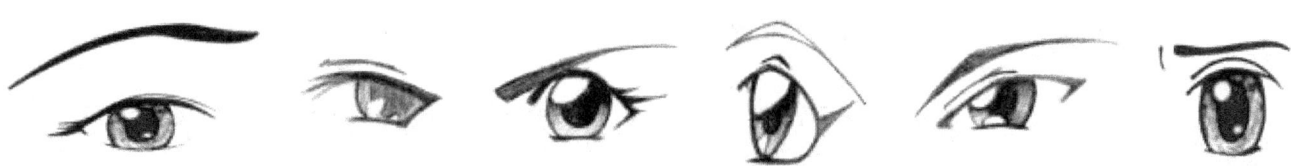

Como he mencionado antes, los ojos son un rasgo sumamente característico en el dibujo anime, éstos varían muchísimo en forma y tamaño no solo entre cada artista, sino también entre los diferentes personajes dentro de un mismo anime o manga. Los ojos expresan mucho de la personalidad de cada personaje. Más adelante verás cómo dibujarlos con diferentes expresiones o estados de ánimo.

Dibujos de Cuerpo Completo

Para dibujar personajes a cuerpo completo, te recomiendo estudiar las proporciones del cuerpo humano utilizando como móldelo básico un hombre de madera "Maniquí", éste te permiten establecer la posición de tu personaje, moviendo sus articulaciones de brazos y piernas. Primero dibujas un esquema de los ejes anatómicos según la pose y luego añades la silueta alrededor de tu hombre de madera para dar volumen al cuerpo, define cada articulación y establece los detalles característicos de su género. Una vez completes el esquema anatómico del personaje agrega los detalles como la ropa, los accesorios y los rasgos importantes que definen su personalidad.

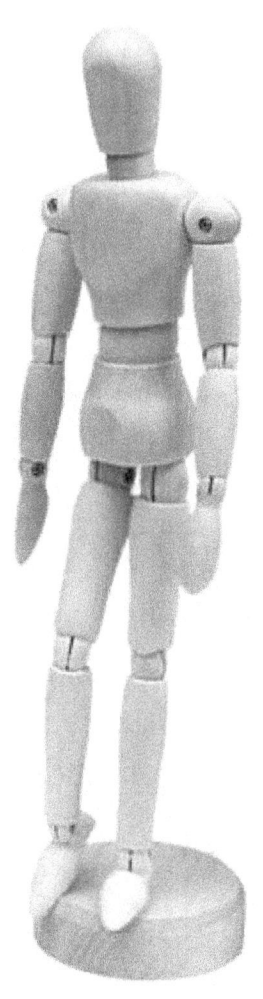
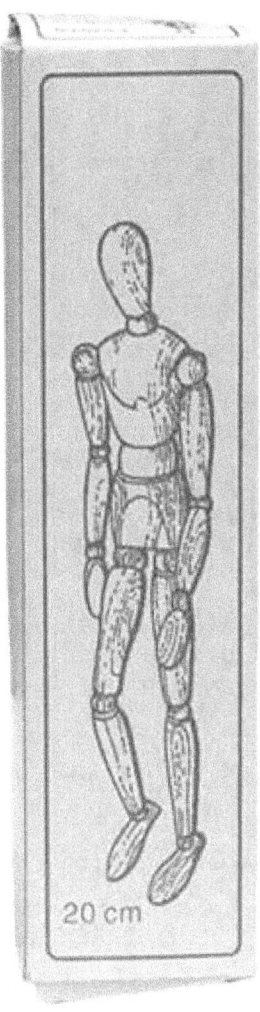

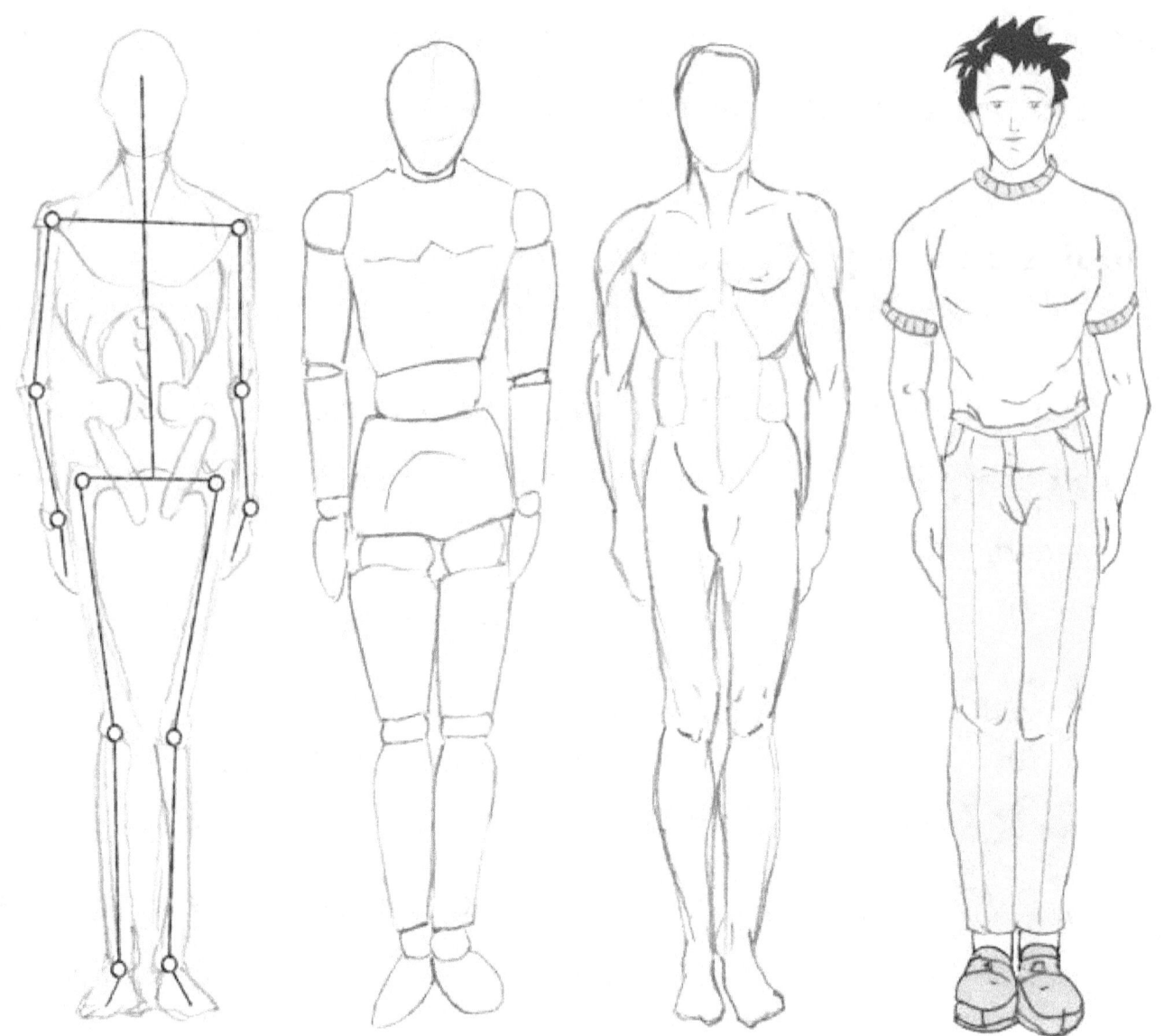

Asegurarte de que las proporciones de la cabeza sean las correctas, las manos deben ser comparativamente del tamaño de la cabeza o ligeramente más pequeñas. Si tienes dificultad en dibujar algunas partes de la figura humana u otros objetos, te recomiendo busques otros temas relacionados en esta "Colección Borges Soto" para que tengas mayores referencia. Hemos presentado una visión general de cómo trabajar el dibujo, más adelante aprenderás de manera más detallada como hacer el cuerpo y los rasgos más importantes al momento de dibujar manga y anime.

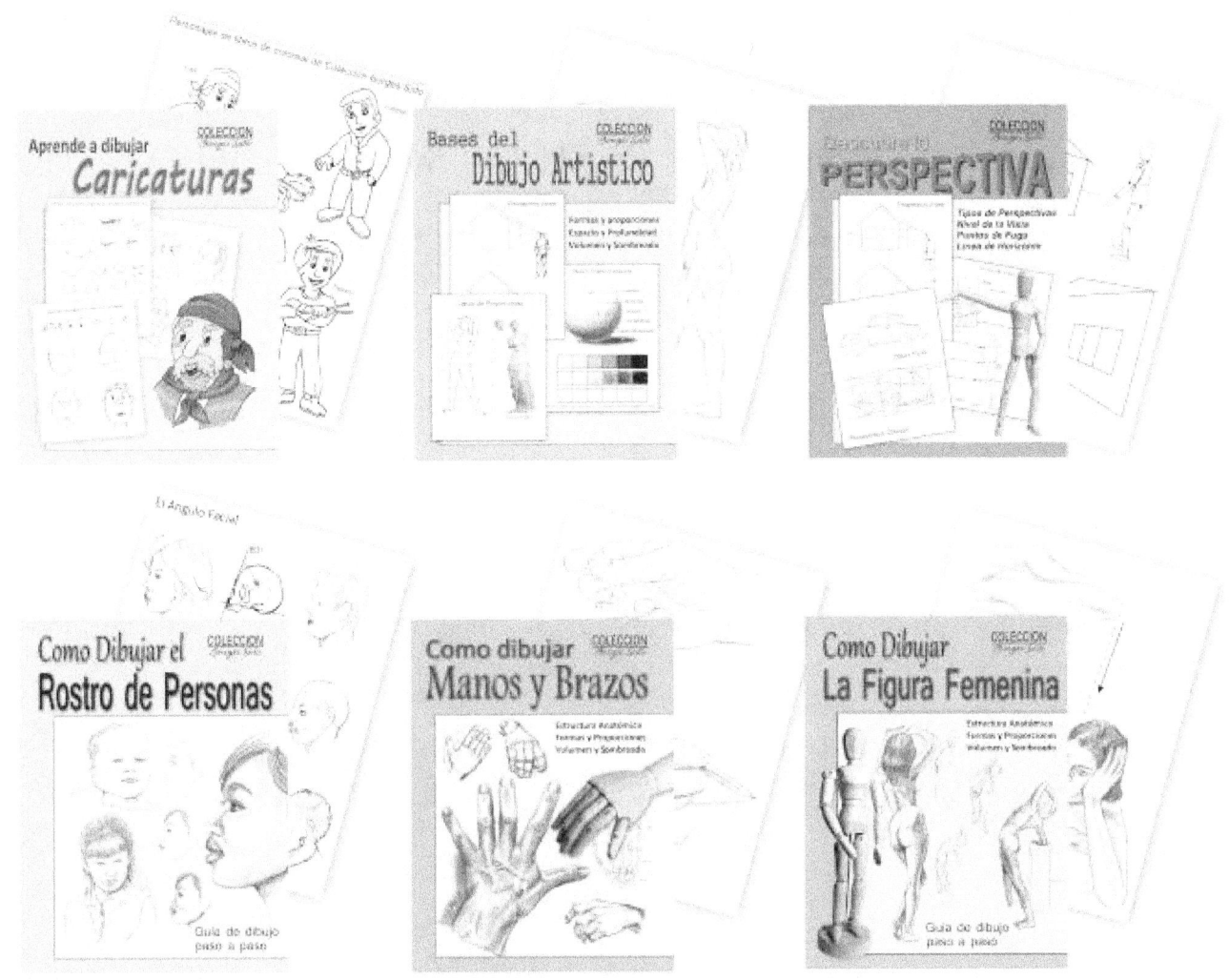

Cuando observes tu modelo de madera. primero pon atención en la total disposición de la figura en movimiento independientemente de los detalles, porque ni una nariz, oreja o boca afectará esencia de la acción.

Si tienes la suerte de tener alguien que te modele, aprovecha y dibuja la mayor cantidad de poses en movimiento que puedas. Trabaja bocetos rápidos comenzando con líneas que sugieran el movimiento que luego puedas completar de memoria y darle el estilo manga o anime. Mientras mayores intentos hagas cambiando los movimientos, mejores dibujos lograrás al final del día.

Observa los siguientes dibujos, simplifica con las líneas el movimiento *(ejes anatómicos)* de la figura y crea dibujos preliminares o bocetos que luego te ayudarán a completar los detalles del movimiento y la pose de tu personaje manga o anime.

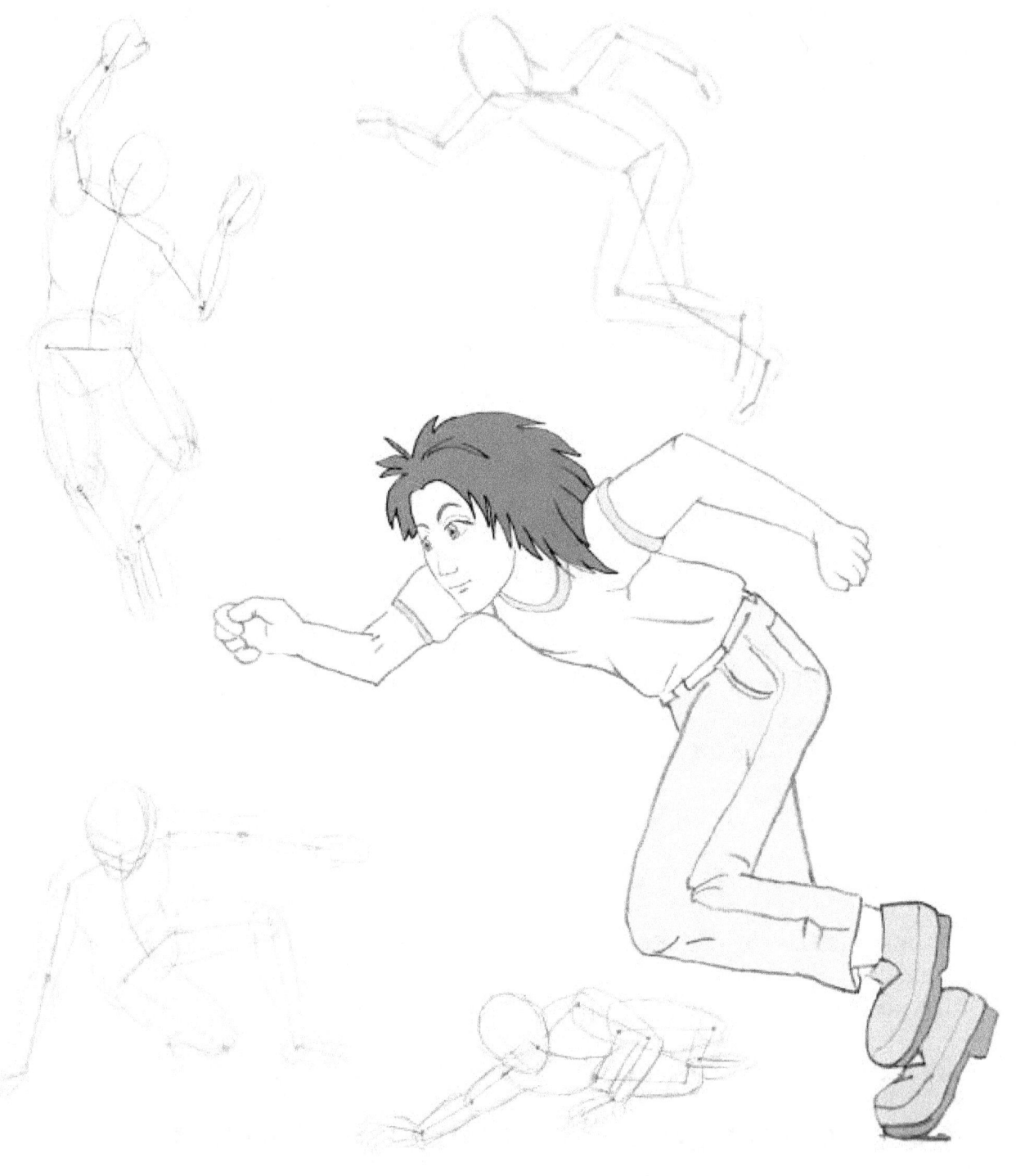

El Rostro Anime y Manga Paso a Paso

Para que tus dibujos de rostros anime te queden como todo un profesional sencillamente ármate de mucha paciencia y práctica para dominar los trazos y sus características.

Para dibujar los rostros animes de hombres y mujeres se siguen las mismas recomendaciones al montar la cabeza con la diferencia en la mandíbula, siendo la de las mujeres más fina y la de los hombres por lo general más cuadrada. Por supuesto que el mayor elemento para diferenciar el género es el cabello. Además otro aspecto importante lo es la vestimenta.

Forma de la Cabeza

Comienza trazando un círculo para la cabeza y una pequeña línea inferior en forma de "V" para la barbilla del personaje. Luego traza una línea vertical y una horizontal pasando por el centro del rostro, ésta te servirá para la simetría y relacionar las partes del rostro.

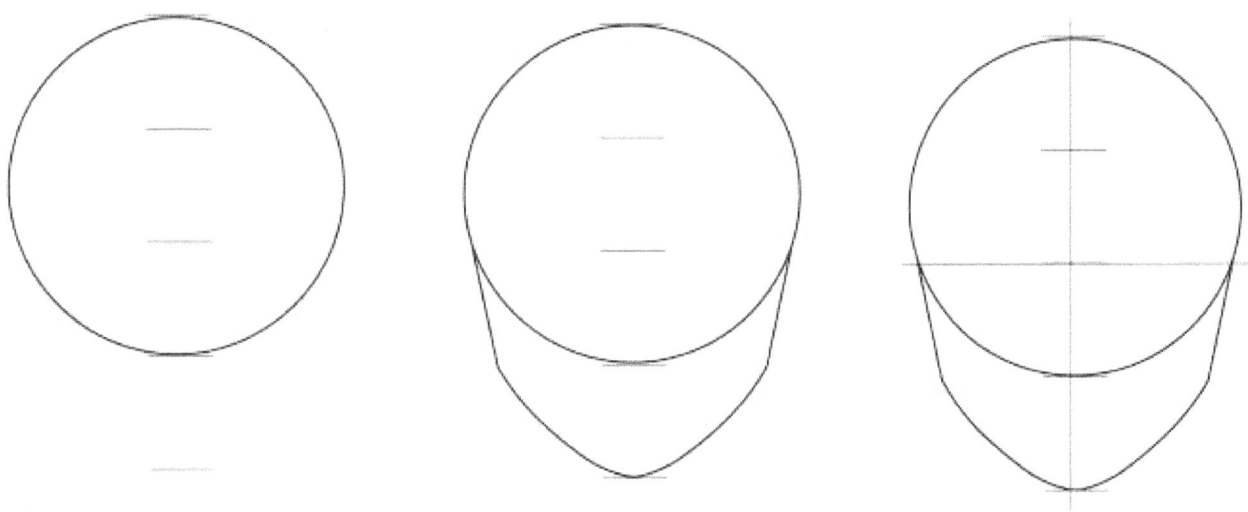

Altura de los ojos

Los ojos estarán ubicados hacia la parte inferior del círculo en la línea horizontal que trazaste previamente. Los ojos varían dependiendo del personaje que estés dibujando. Los ojos de niños y jóvenes tienden a ser más grandes.

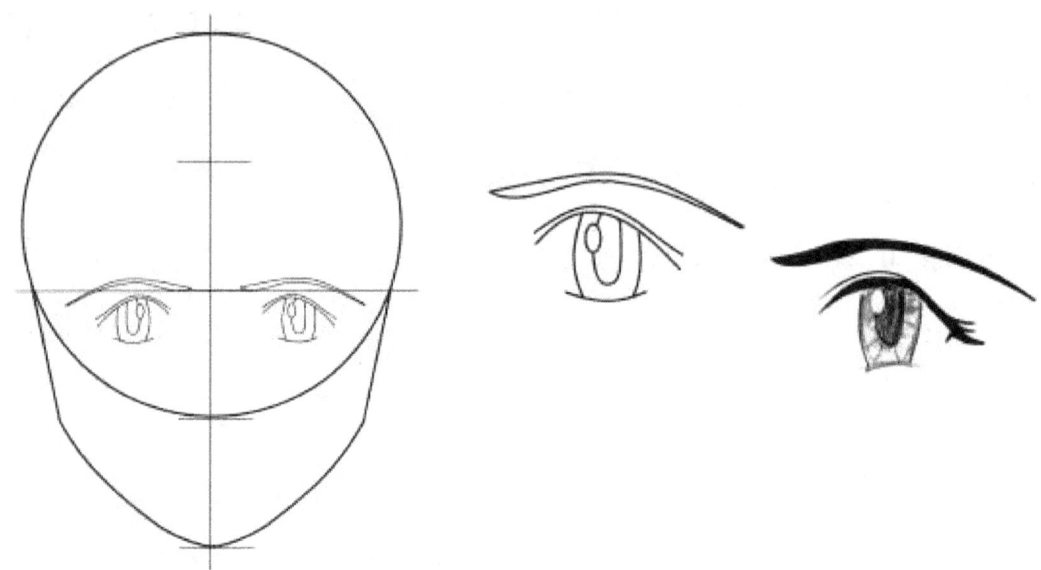

Los ojos son una de las características más significativas de los dibujos manga y anime. Mayormente expresan la naturaleza y estado de ánimo del personaje. Algunas expresiones según la forma en que se dibujen los ojos pueden sugerir alegría, meditación, enojo, sorpresa o miedo.

Rasgos de las orejas, boca y nariz

Para dibujar la nariz la puedes hacer recta o curva de forma angular y una boca que determine la expresión. Por lo general la nariz de los chicos es más pequeña, se levanta y redondea para demostrar felicidad. Las cejas inclinadas demuestran enojo, levantadas sorpresa como te mostrare más adelante.

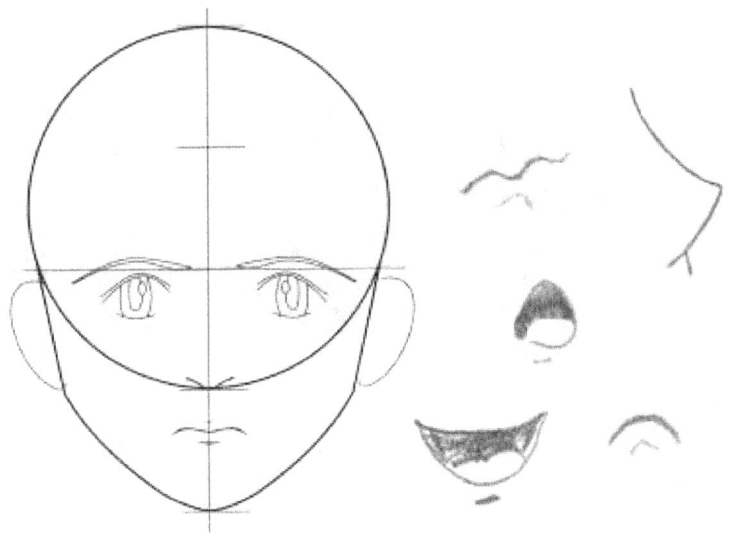

Forma del cabello

Hasta el momento nuestro protagonista es neutral, ahora con el cabello determinaremos su género, un personaje masculino, que dibujaremos con pelo alborotado y vivo o un pelo lacio largo o corto.

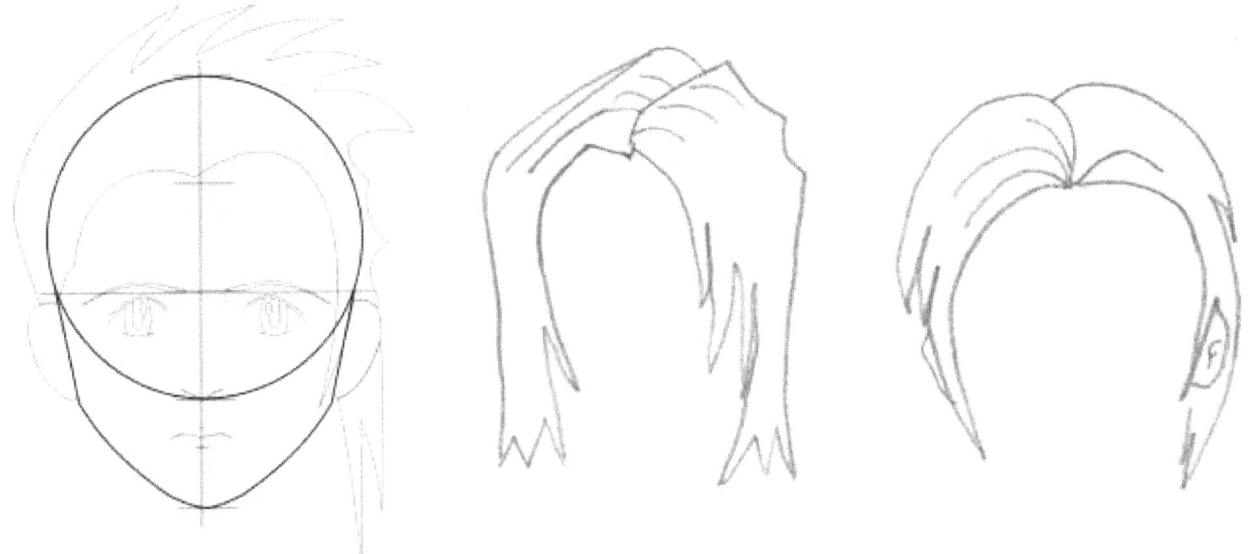

Un detalle característico en el dibujo de anime, sin distinguir su género, es que se dibujan en su mayoría con el cabello liso y en algunos casos tienen pollina, flequillo o mechones que cubren su rostro.

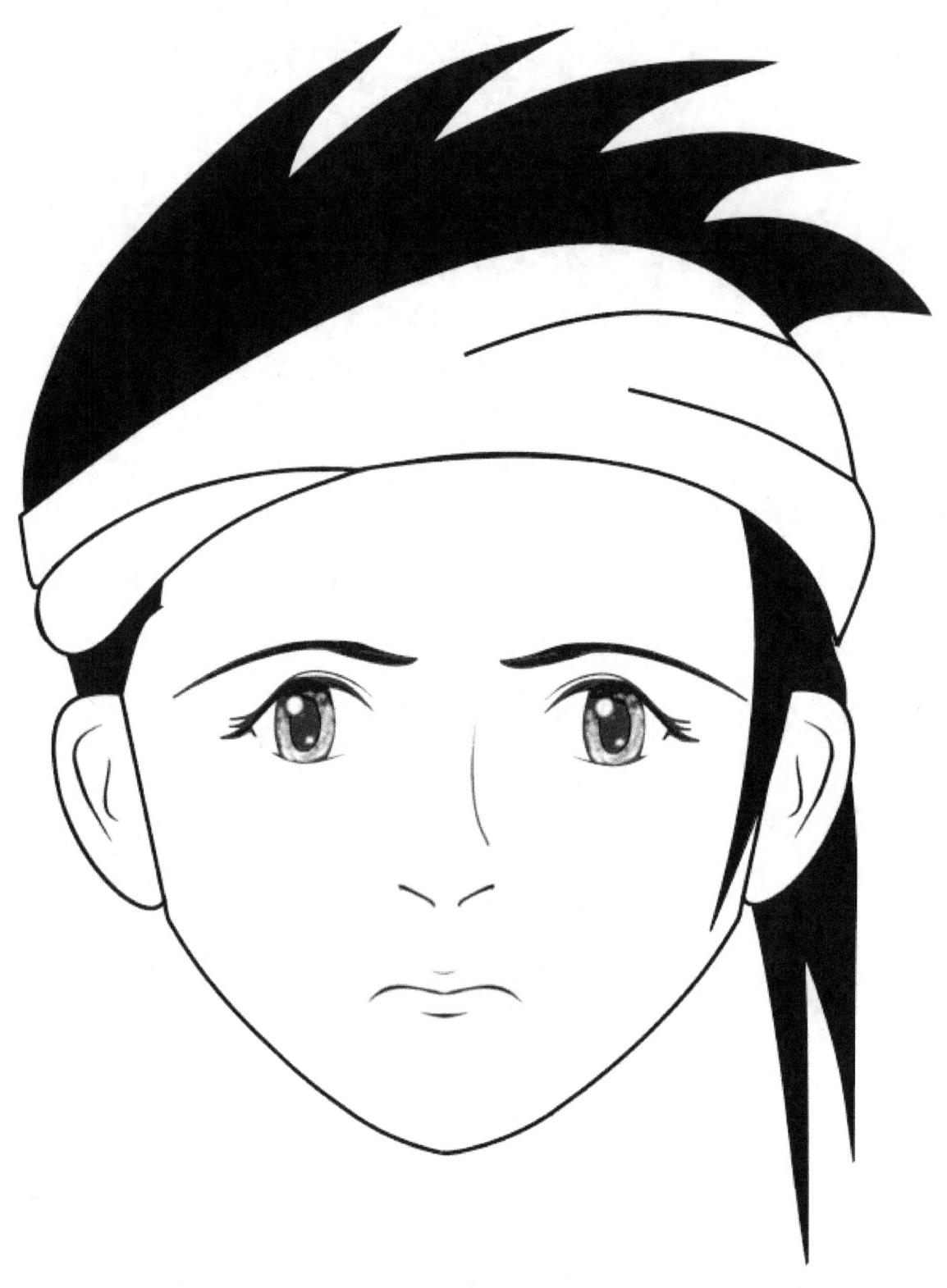

Abdacy Boy © 1998-2018 Roland Borges Soto

Los Ojos Anime y Manga

Los ojos son una parte esencial para especificar el prototipo de protagonista que dibujaremos y también para mostrar el estado de ánimo que deseamos expresar en el personaje de anime.

Te mostraré algunas ideas para dibujar ojos anime y los tipos de ojos más comunes.

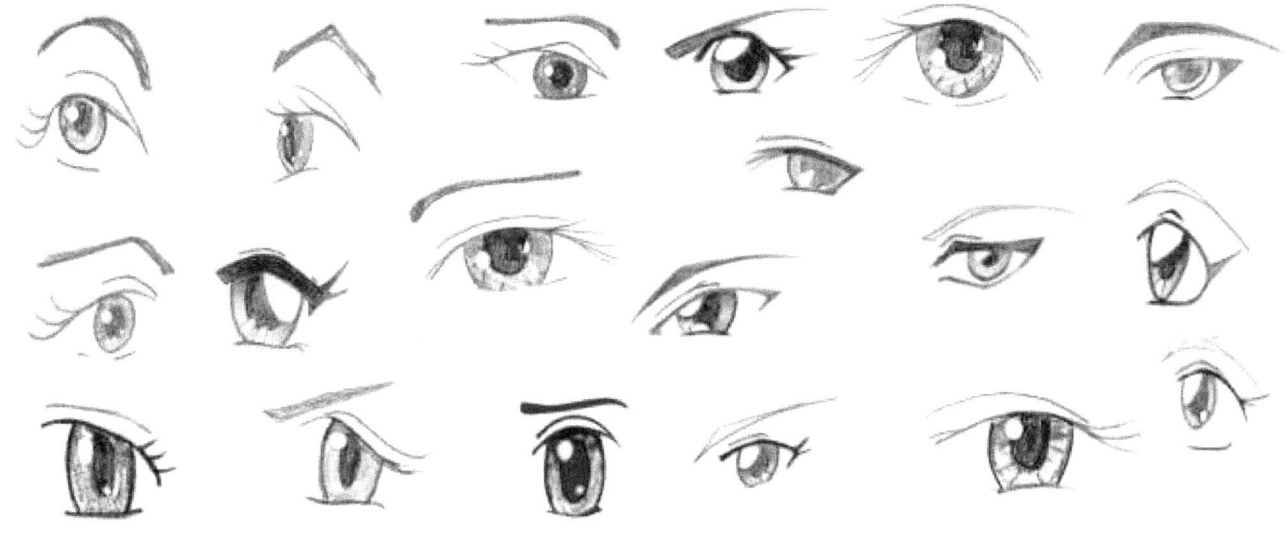

Esquema del ojo

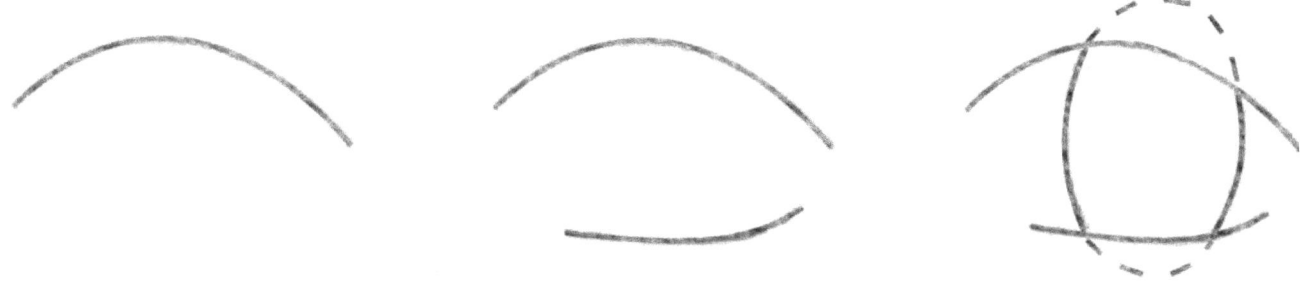

Primero dibuja la línea del parpado superior del ojo, luego la línea del inferior y finalmente el ovalo o circulo del iris.

Detalles Internos y Cejas

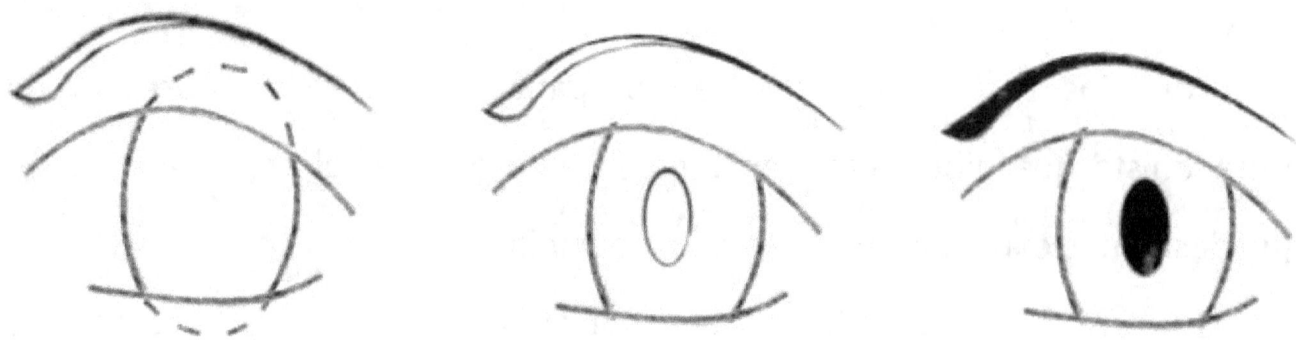

Luego de tener la base dibuja el parpado superior, el cual debe estar por lo general separado por una pequeña distancia del ojo, dibuja las cejas y detalla el iris con un pequeño círculo central en el ojo para la pupila.

Detalles Externos y Brillo

Finalmente añade las pestañas, delgadas si son masculinas o gruesas *(como en la imagen)* si son ojos femeninos. Para pestañas gruesas añade algunas pestañas extras en la parte superior e inferior

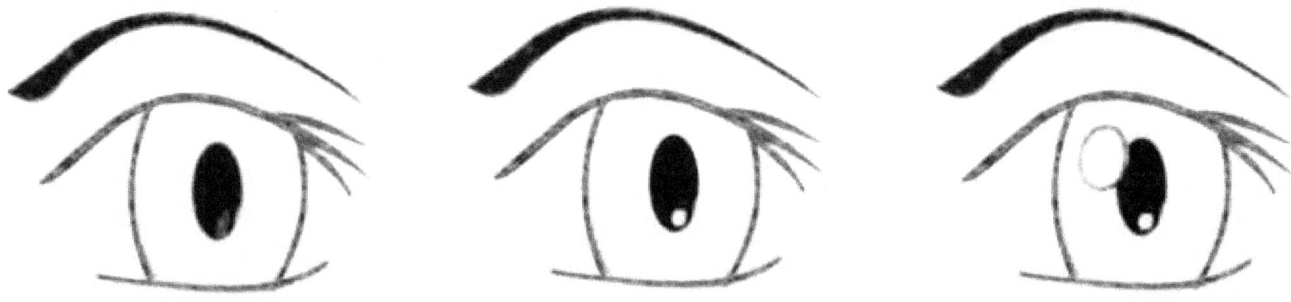

Para hacer el reflejo de la mirada, añade dos brillos, uno pequeño abajo en la pupila y otro de mayor tamaño entre la pupila y el iris en la parte de arriba.

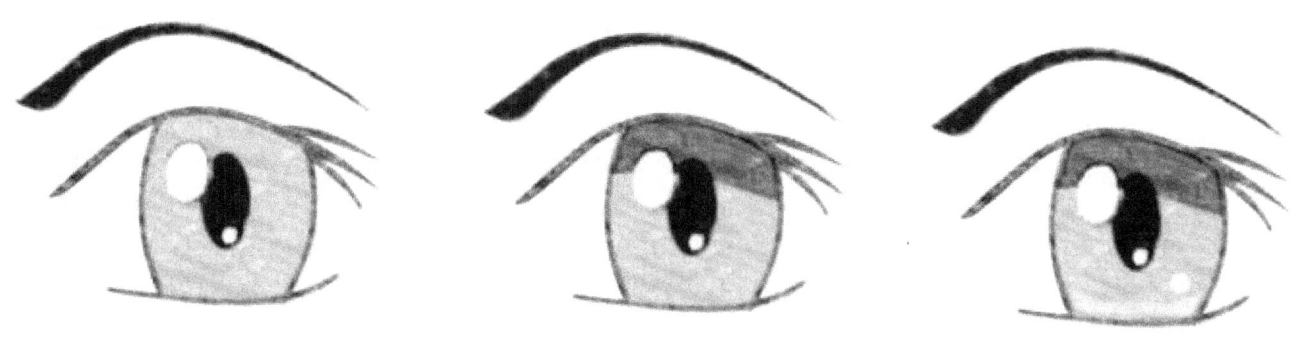

Agrisa y añade la textura general dentro del iris. Luego oscurece el área de sombra que produce el parpado en la parte superior del iris. Por último crea una claridad en la parte inferior del iris y marca un reflejo.

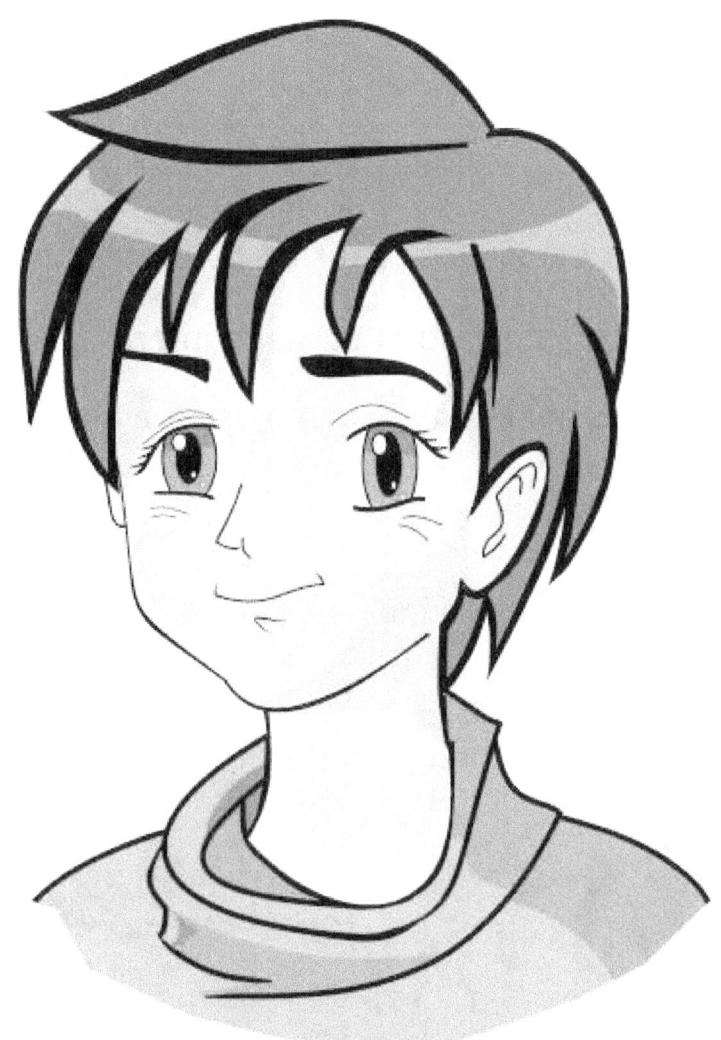

Tipos de Ojos Anime

Ojos Redondeados. Este tipo de ojos es llamado "semirealistas", porque el iris guarda una proporción casi real al ojo humano, pero el ángulo exterior del ojo es levantado. Si te fijas en las líneas de los bordes exteriores son más curvas.

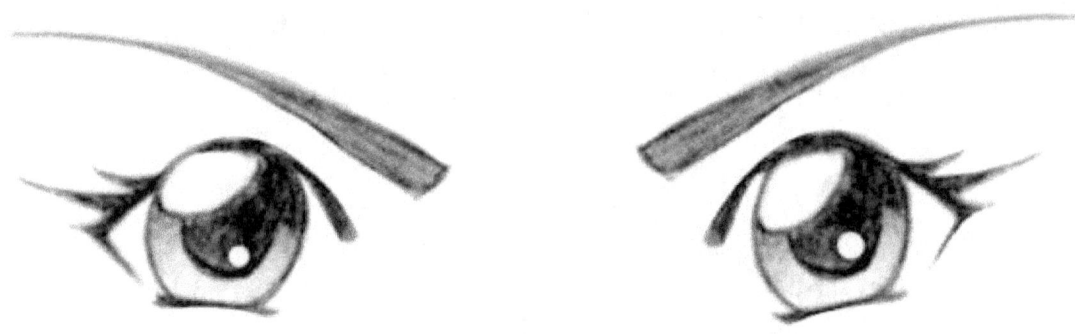

Ojos Curvos. En estos ojos la forma externa es bastante similar a la semirealista, solo que en este caso el parpado inferior del ojo es más recto y el iris y la pupila son más pequeños. Si son ojos para una chica las pestañas se dibujan mucho más marcadas.

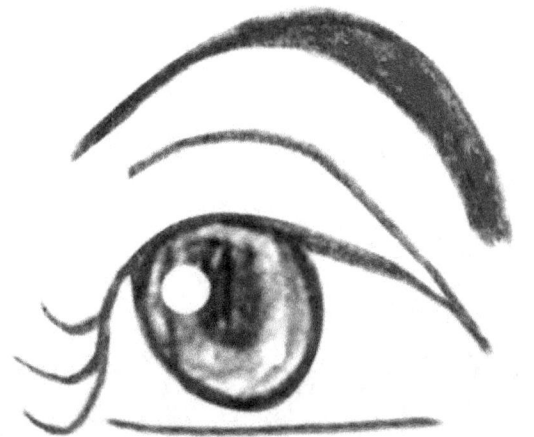
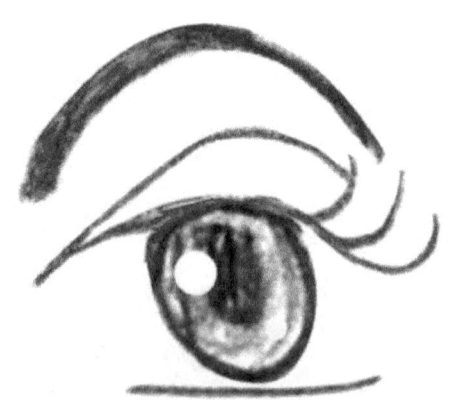

Ojos Grandes. Estos ojos son más grandes en proporción de lo normal, tienden a ser más estrechos y alargados en su forma externa. El iris y la pupila por consiguiente adoptan esta forma ovalada.

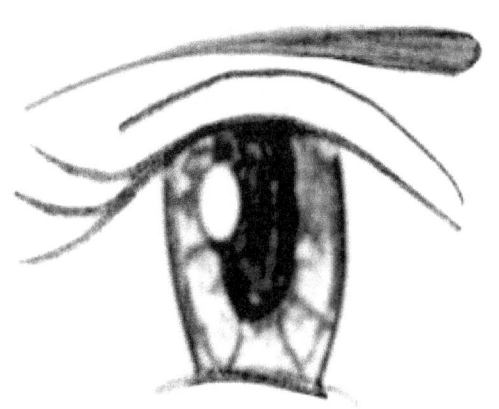 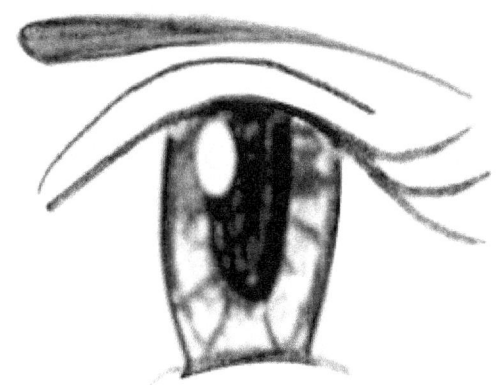

Observa la comparación de un ojo realista dibujado artísticamente y un ojo simplificado de forma gráfica para un personaje manga o anime. Los elementos anatómicos de ambos ojos siguen siendo los mismos: el globo ocular, el iris, la pupila, los parpados, las pestañas pero interpretados en estilos diferentes.

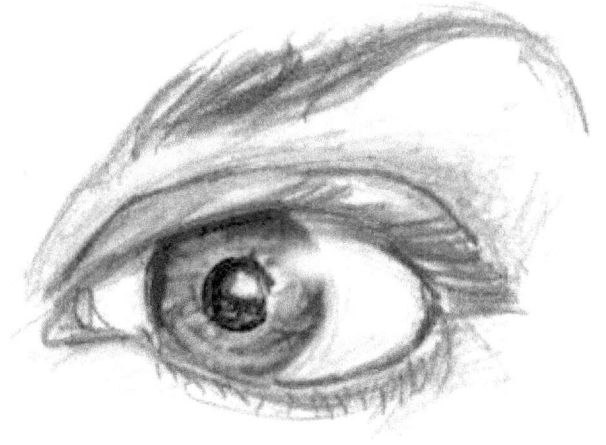 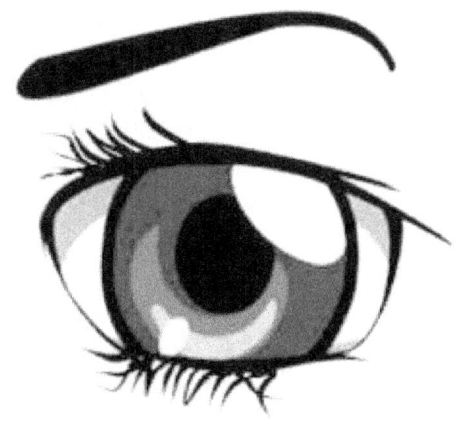

Dibujar la Nariz y la Boca

El estilo básico de nariz y boca anime consiste en tres simples formas básicas: una cuña o línea en forma de ángulo para la nariz, una línea larga y delgada para la boca, y una más corta para definir el labio inferior. El tamaño de estos elementos variará con cada personaje, lo importante es que te asegures de que siempre estén alineadas al eje vertical.

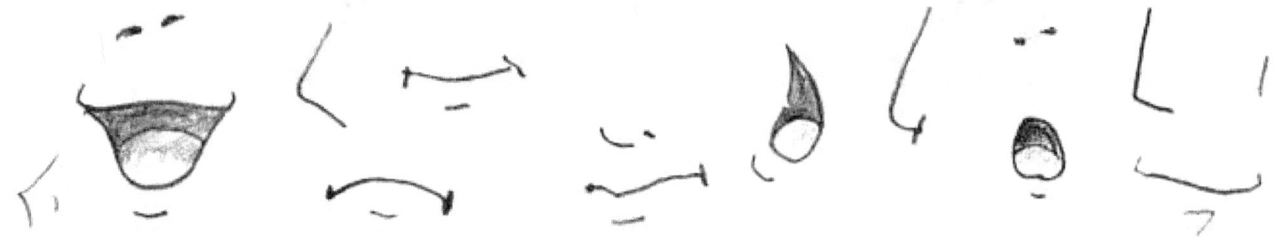

Estilo de Perfil

La nariz y la boca de perfil son más complicadas dibujarlas que de frente o en vista en ángulo, pues tienes definir los labios en el dibujo. Debes darles forma y no solo usar líneas rectas. Debes considerar la curva de la nariz, los labios y la barbilla. El labio superior se curva hacia adentro y el inferior, que se encuentra un poco más atrás, se curva hacia afuera.

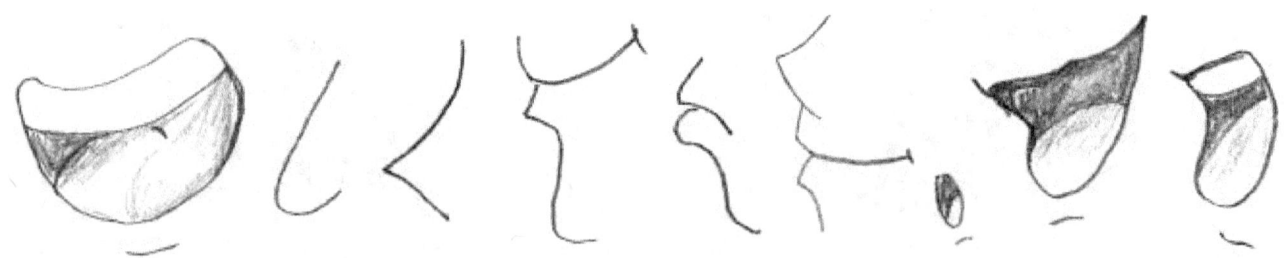

Las bocas anime no son por lo general muy grandes, y se limitan a líneas rectas, a menos que el personaje esté gritando o muy emocionado, momentos en los que pasan a ser bocas más grandes cuadradas mostrando los dientes, o redondeadas. Los personajes femeninos tienden a tener narices más pequeñas o menos definidas, mientras que los personajes masculinos usualmente las tendrán más grandes y angulares.

Las Orejas Anime y Manga

Para algunos artistas de anime las orejas son un recurso muy atrevido, por lo general cuando se muestran en el dibujo algunos dibujantes las tratan como orejas de elfos o gatos puntiagudas. Las orejas anime se pueden hacer basadas simplemente en una oreja realista, para esto solo debes comenzar dibujando el boceto con líneas más curvas en forma de "C". Las orejas femeninas por lo general se dibujan mucho más pequeñas y delicadas que las orejas masculinas que tienden a dibujarse de mayor tamaño y más gruesas.

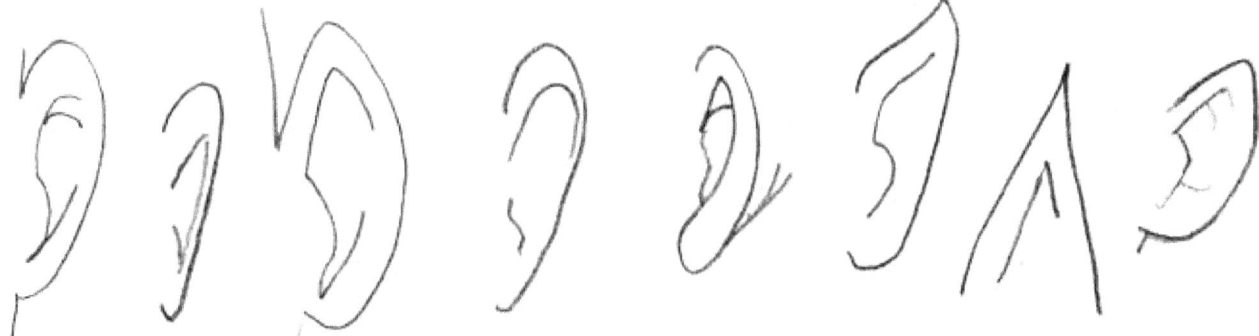

Expresiones Faciales Características

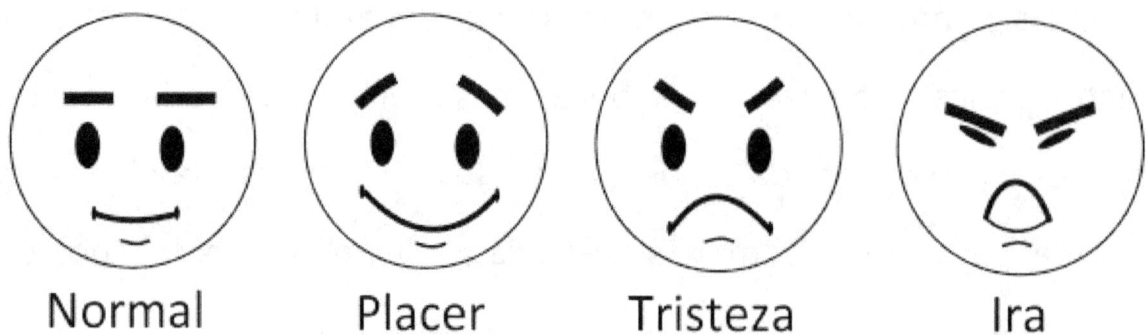

Una vez haz decidido cómo será tu personaje manga o anime, si lo vas a usar para un comic o una video producción debes saber que tendrás mucho que dibujar. Se requieren muchos dibujos para una secuencia animada en un juego o video, aun para una tirilla o comic se requieren varios dibujos del personaje, pues un solo dibujo no basta para contar una historia de romance o aventura. Cuando presentas los diálogos las características de las expresiones faciales son importantes pues tu personaje sonríe cuando está contento o frunce el ceño cuando está enfadado. Para dotar de vida un personaje son necesarias profesionalmente más de 50 expresiones faciales, sin embargo podemos trabajar con las más básicas primero. Muchos dibujantes de anime y manga se conforman con expresiones de ira, placer, tristeza y alegría. Sabemos que no son suficientes, debemos tener más variedad, así que vamos a estudiar gráficamente otras para entender mejor. Un rostro impasible será la expresión estándar y la ampliaremos añadiendo sonrisas, enfados, indignación, llanto, miedo, sorpresa y otras emociones para los personajes. Para cada personaje que crees debes contar al menos con unas 6 o 8 expresiones básicas que distingan su personalidad.

Grados de Emoción

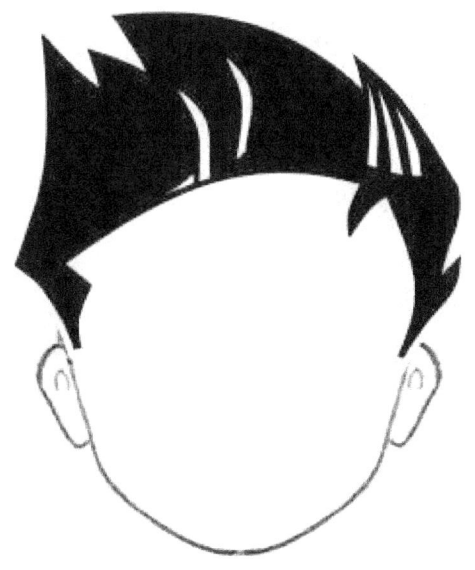

Felicidad

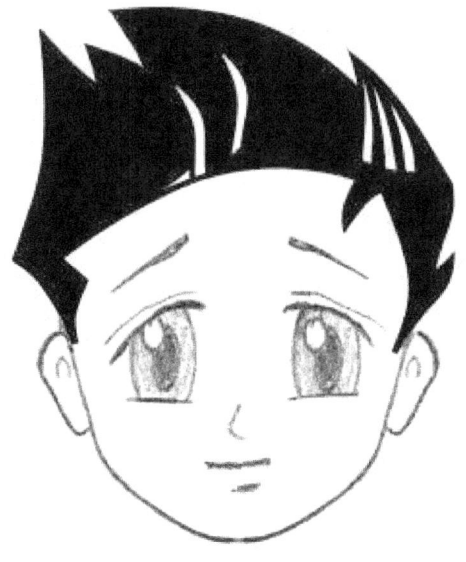

Verguenza

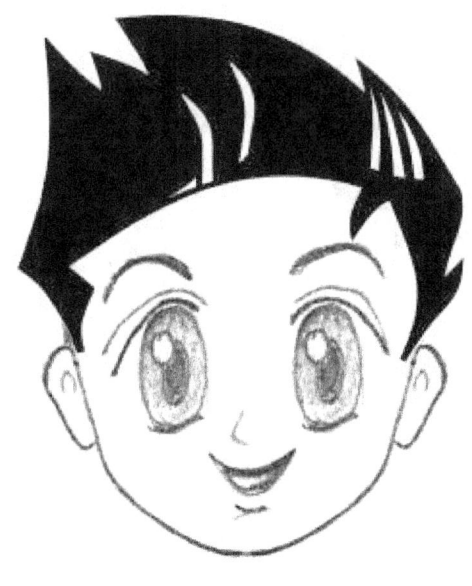

Sonrisa

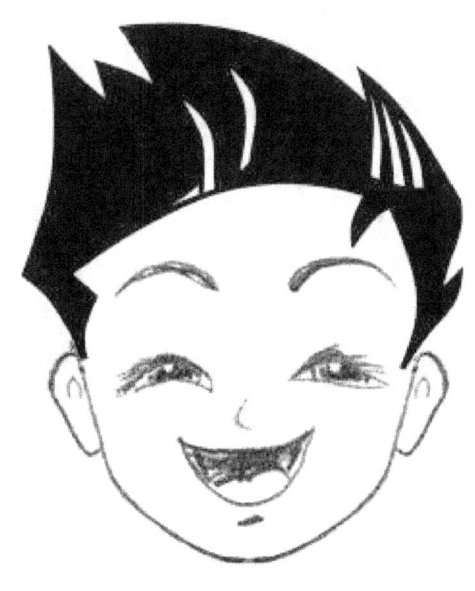

Risa

Grados de Emoción

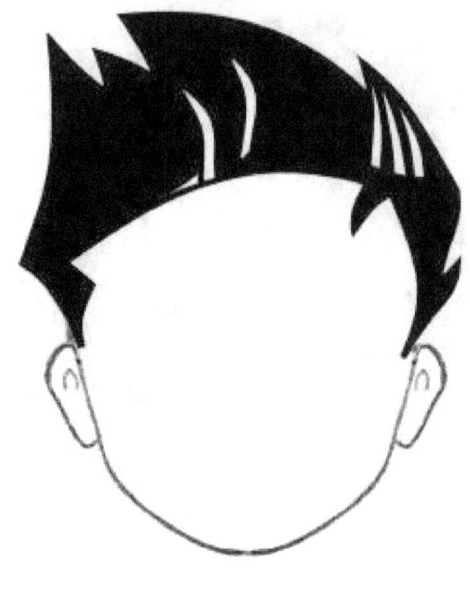

Ira

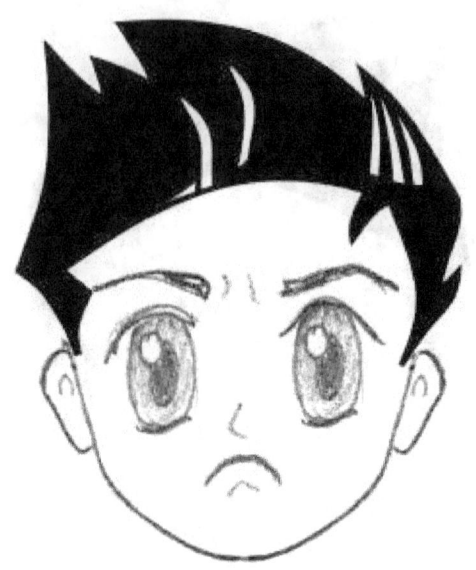

Molesto

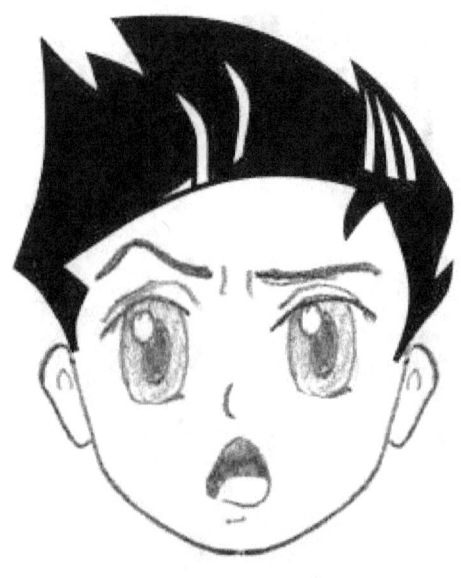

Indignado

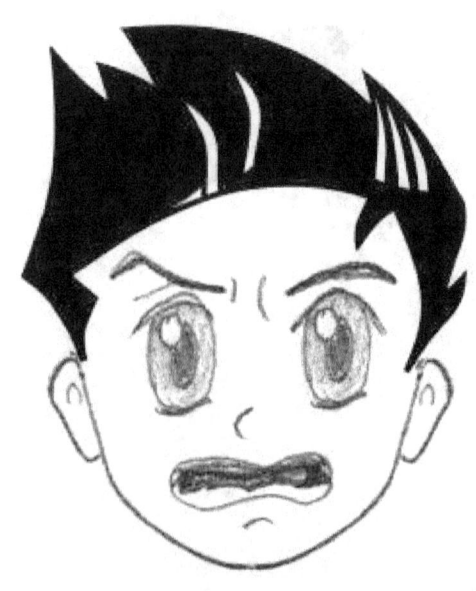

Furioso

Grados de Emoción

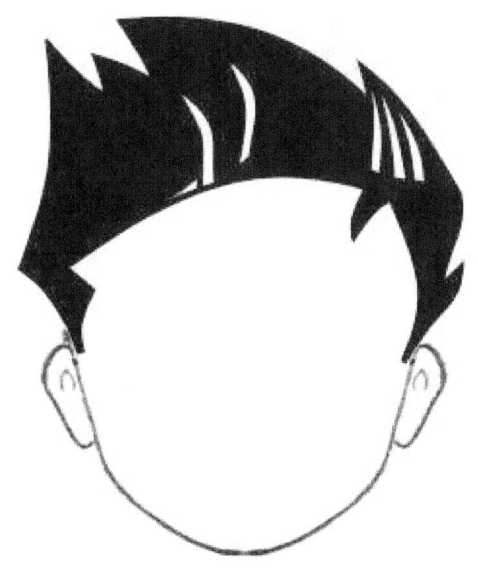

Tristeza

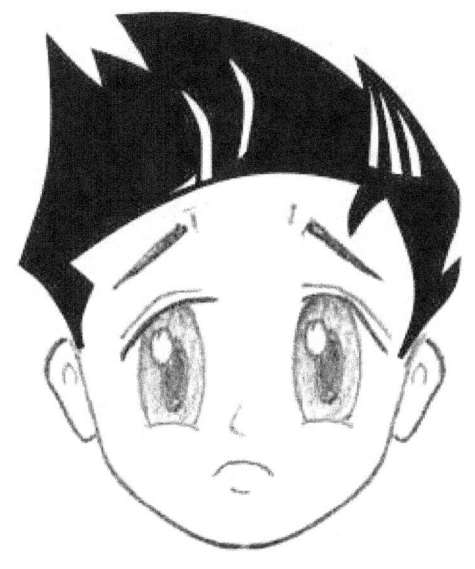

Herido

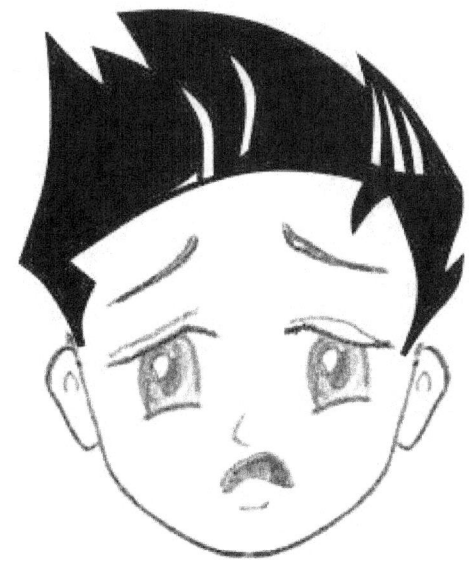

Triste

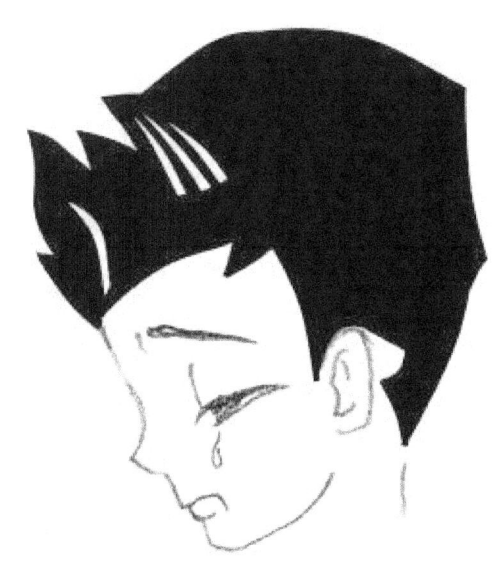

Llanto

Grados de Emoción

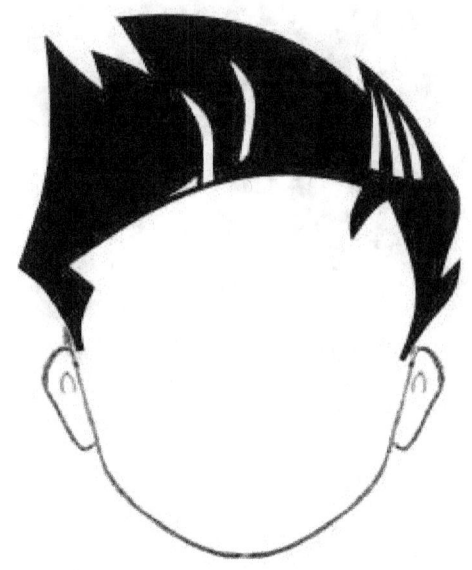

Confusión

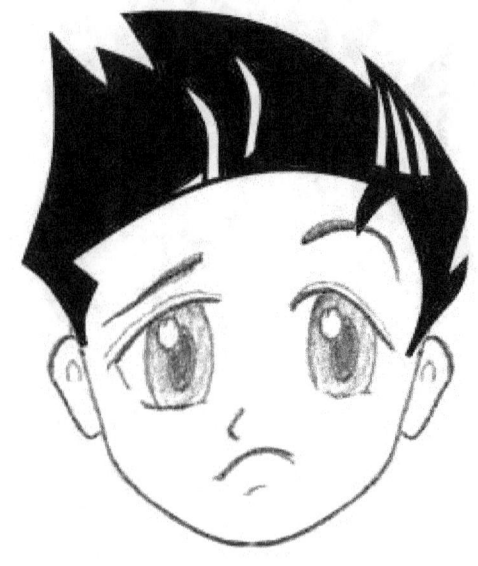

Perplejo

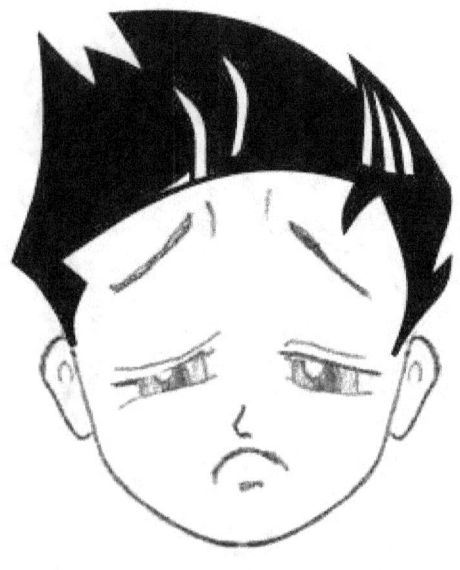

Preocupado

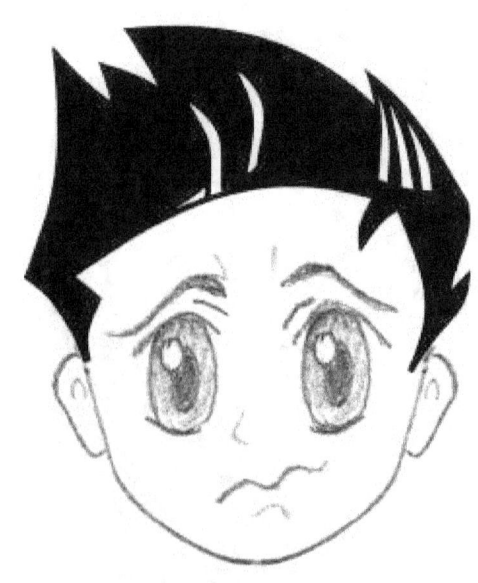

Confuso

Grados de Emoción

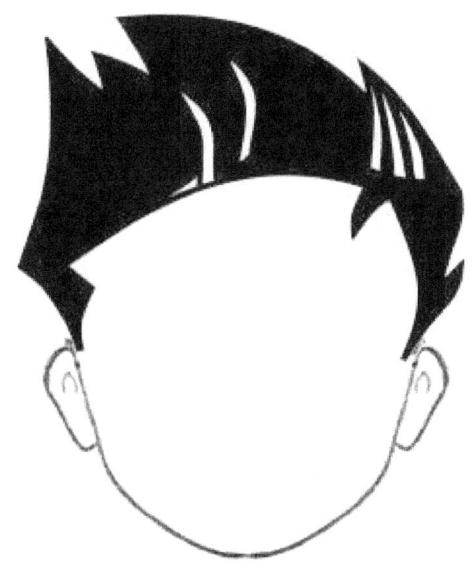

Afecto

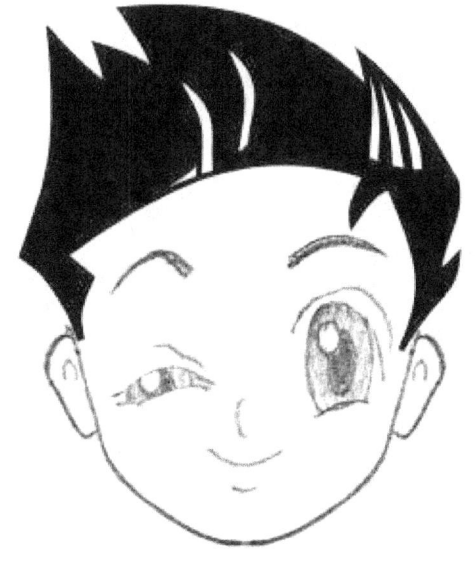

Guiño

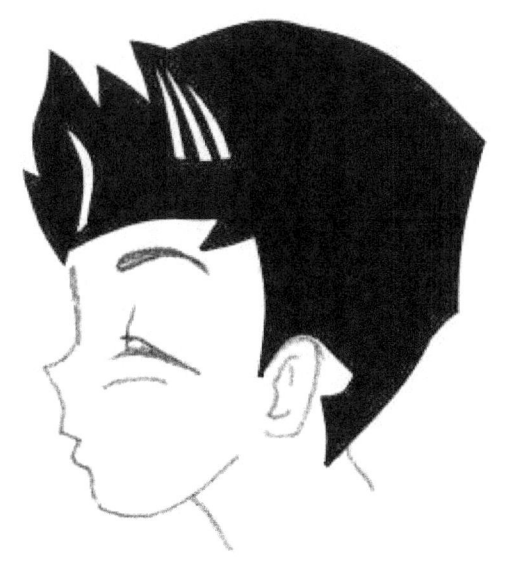

Beso en la mejilla

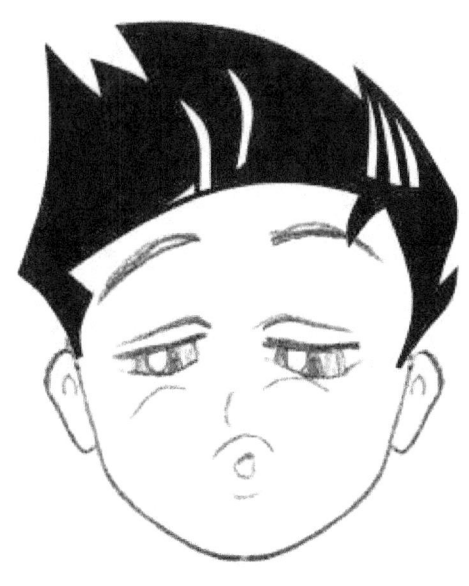

Beso

El Movimiento

Dibujar la figura humana en cualquier posición o movimiento *(saltando, cayendo, caminando, corriendo)* requiere de un breve estudio de la estructura anatómica como haz visto en las páginas anteriores. A media que domines tus conocimientos sobre la estructura y construcción de la figura, mayor soltura adquirirás al dibujar tus animes en movimiento.

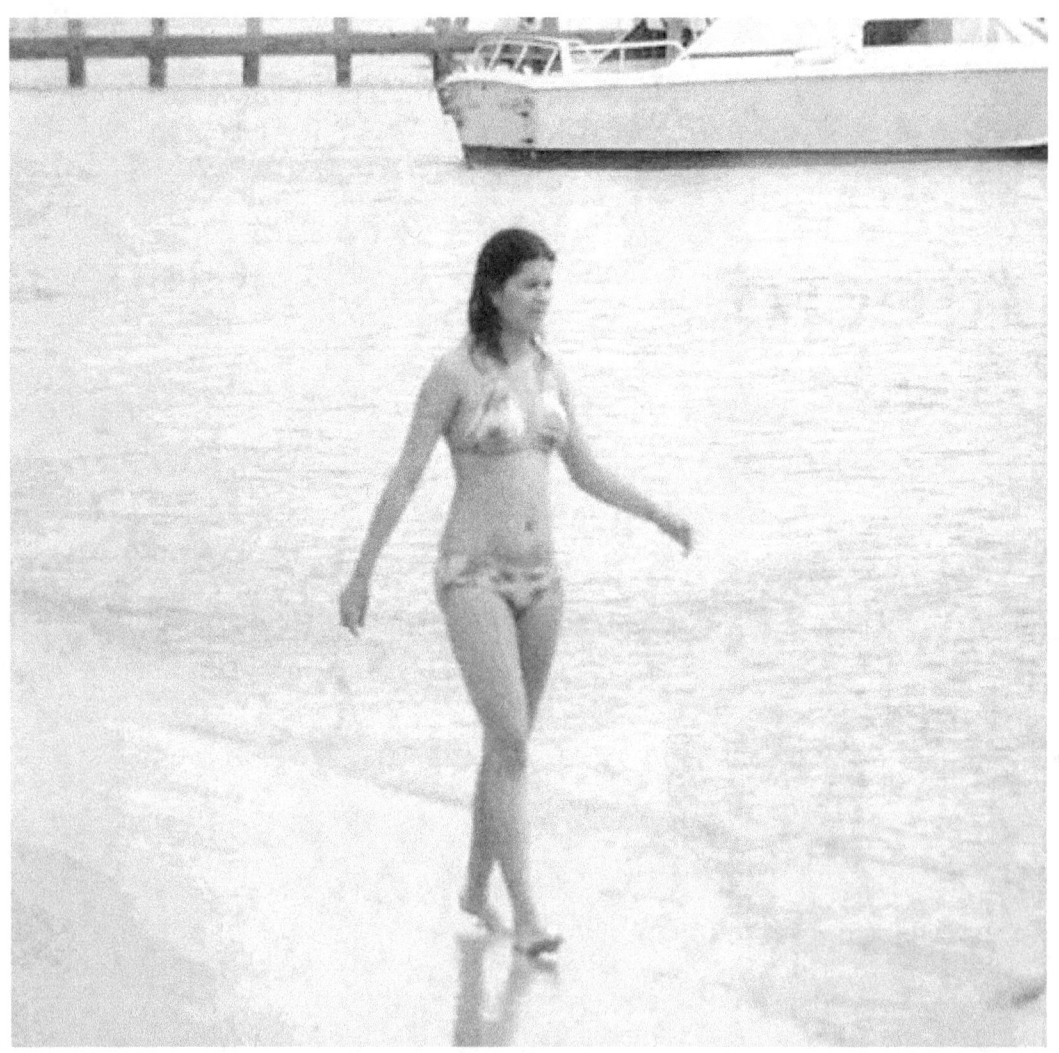

Observa detenidamente a una persona caminando. ¿Cómo son los movimientos de las piernas y los brazos?

Cuando caminamos, los brazos se balancean a cada paso que damos pero en sentido opuesto al movimiento de las piernas. Cuando adelantamos la pierna izquierda, el brazo de ese lado va hacia atrás y viceversa.

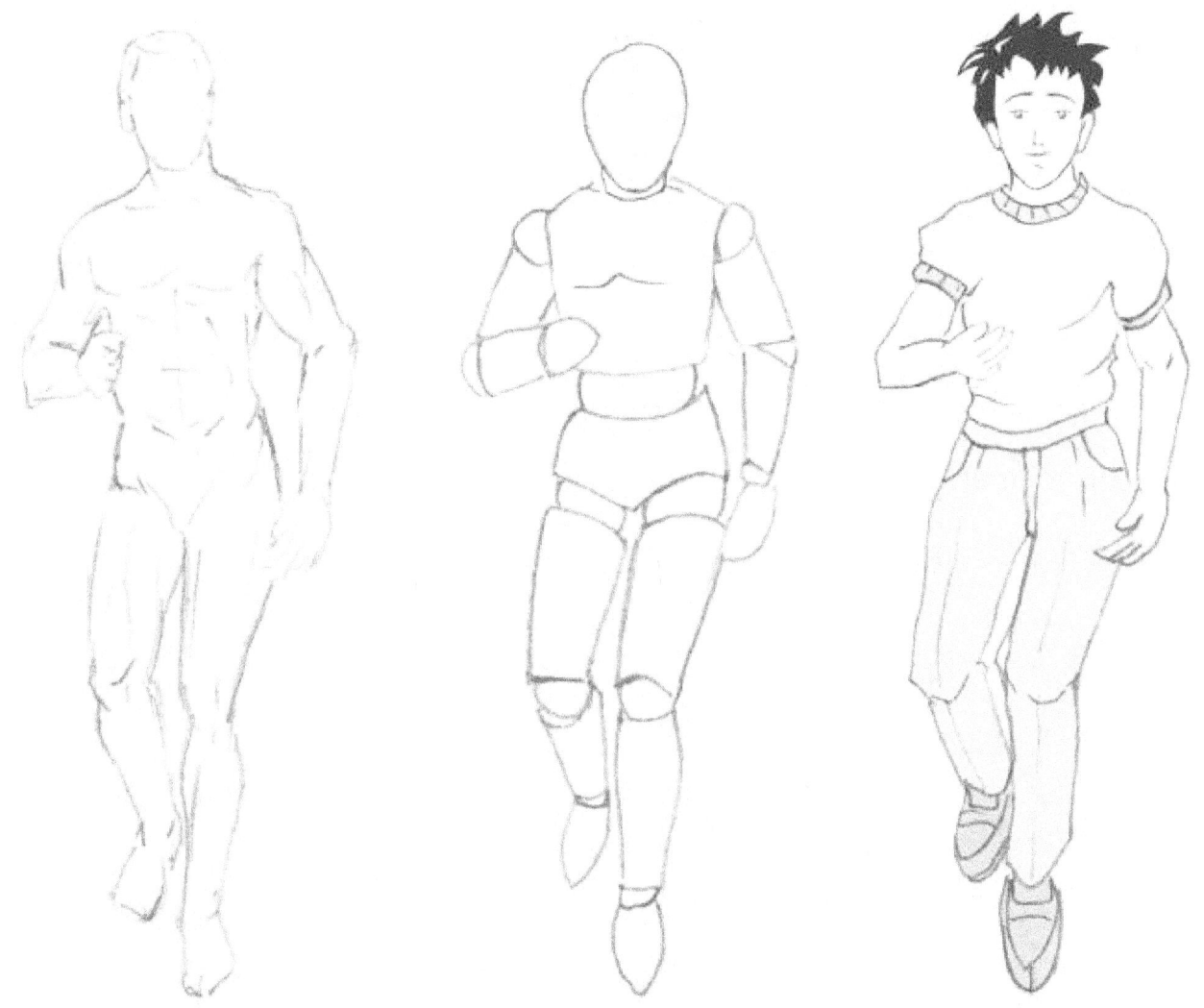

Como te comenté al principio de este libro es necesario referirnos a la figura humana como base para comprender mejor la representación de los movimientos en un dibujo anime. En adelante continuaré usando una simplificación de la formas humana representada por el maniquí para ilustrar las poses y los movimiento básicos. El movimiento como expresión artística se percibe de dos formas, primero el movimiento explícito y luego el movimiento implícito que te explicaré adelante.

Si dispones de un maniquí o "hombre de madera" intenta acomodarlo en la posición que se ilustra en dibujo en cada lección, esto te ayudará a dibujar mucho mejor el mecanismo del movimiento y aplicar la técnica a tus personajes anime y manga.

Dibuja el maniquí en el movimiento que desees lo recubres con los músculos, vestimenta y accesorios para lograr un personaje terminado. El conocimiento del cuerpo humano, su estructura y composición son la base para que el dibujante exprese movimiento en sus dibujos. El balance corporal y el conocimiento del movimiento articulado serán la clave para que tu dibujo anime transmita movimiento y pose correctamente.

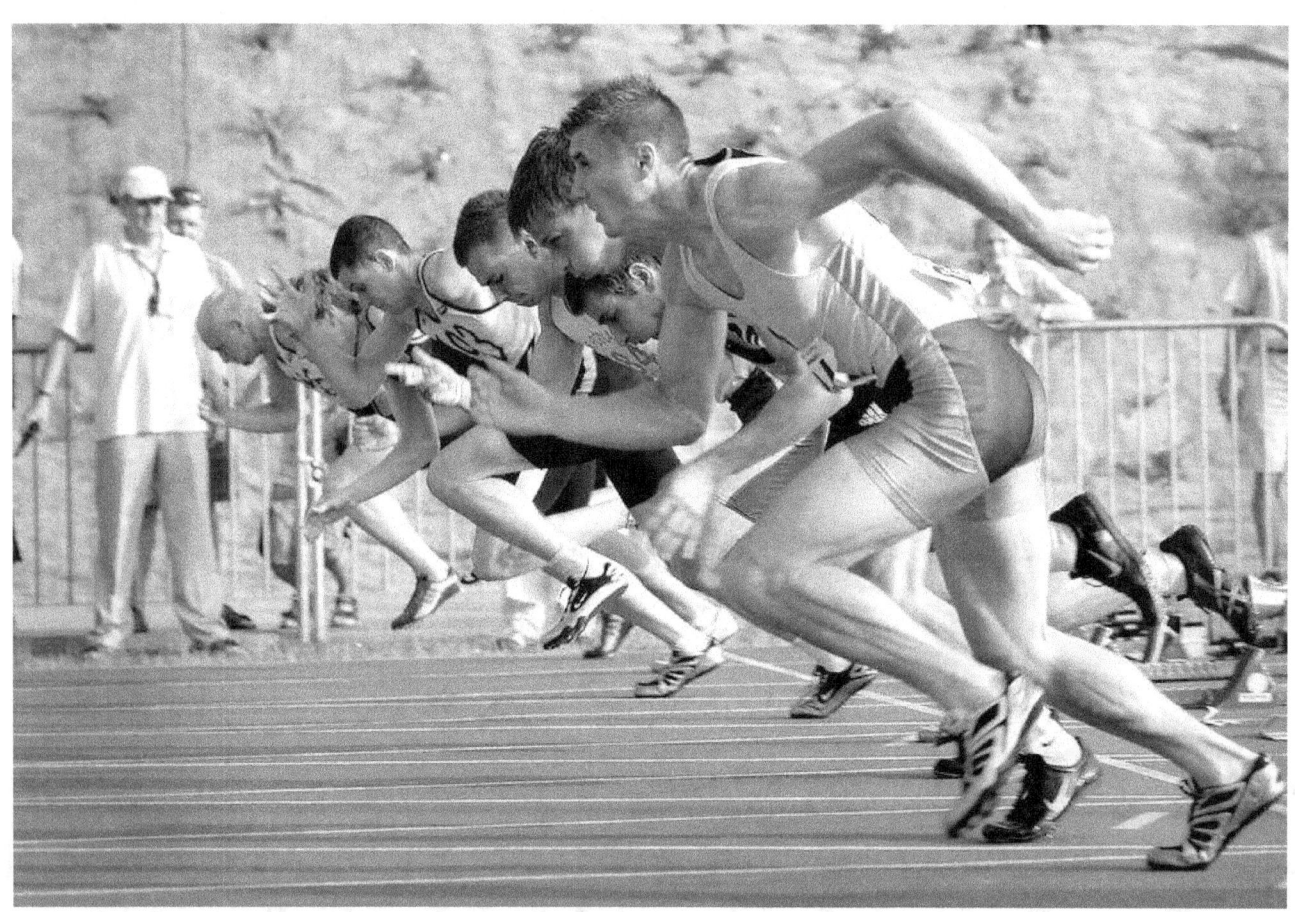

Cuando corremos, la posición de los brazos y las piernas es igual que al caminar sólo que mucho más marcada. Observa en la fotografía anterior como en el primer atleta la pierna izquierda adelanta junto con el brazo derecho y viceversa. Una buena práctica es que observes del natural o de buenas fotografías de personas practicando deportes.

No siempre el movimiento está en que la persona corra, baile o salte, dentro de una posición corporal puede existir movimiento. Una persona sentada en una pose donde los brazos, el torso, las piernas y su anatomía general rompen la simetría y deja de estar estático adquiere actitudes que definen movimiento a pesar de no estar moviéndose.

Como expresión artística, el movimiento corporal de la figura humana se puede percibir de dos formas básicas, movimiento explícito o movimiento implícito como ya hemos mencionado.

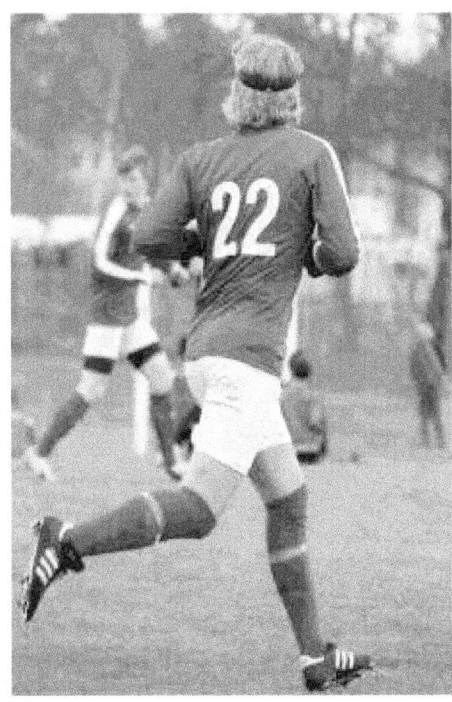 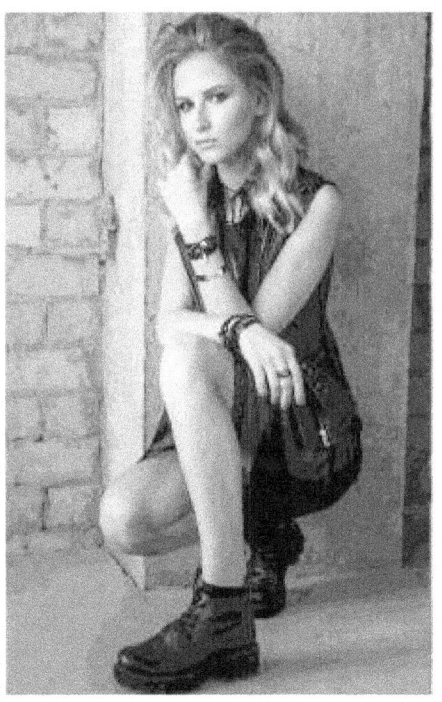

El atleta corriendo *(movimiento explicito)* y la chica posando *(movimiento implícito)*.

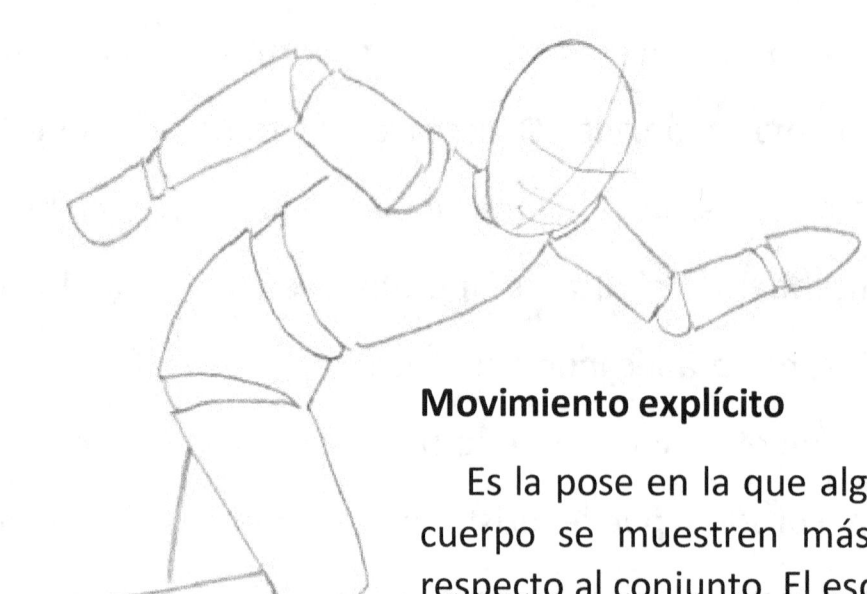

Movimiento explícito

Es la pose en la que algunas de las partes del cuerpo se muestren más individualizadas con respecto al conjunto. El esquema de esta pose es dinámico y comprende más elementos para bocetar la forma y colocación de los miembros (*brazos y piernas*).

Movimiento implícito

La pose es estática, en la que el conjunto domine y se imponga sobre cada una de las partes. Se puede esquematizar mediante una forma que exprese una sola masa del cuerpo del modelo sin partes exteriores proyectadas de este (*un óvalo, rectángulo, triángulo...*)

Balance y Equilibrio

El conocimiento de la estructura y composición del cuerpo humano son la base para que el artista pueda expresar el movimiento en sus dibujos. El equilibrio de masas (*cabeza, espalda, cadera, extremidades*) y el conocimiento de los movimientos (*giro, traslación*) serán los elementos que nos ayudarán a expresar el movimiento en nuestro dibujo anime.

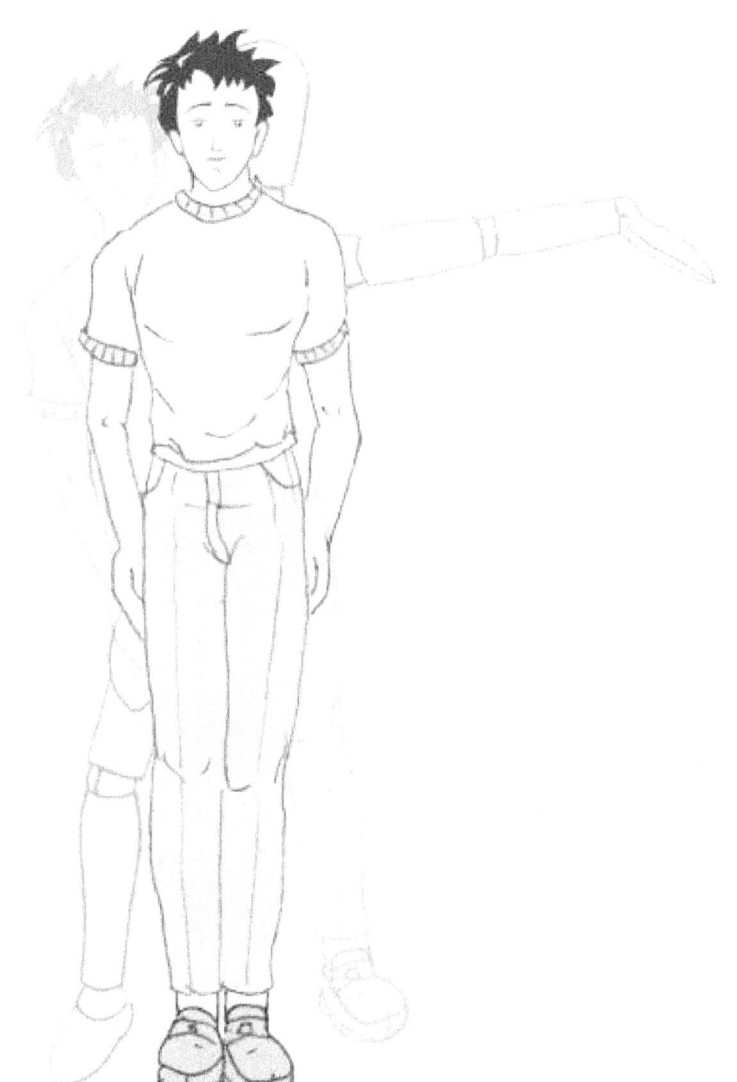

Trazar las líneas de los ejes y estructura ósea (*dibujo de palito, ejes, óvalos, triángulos, etc...*) nos ayudará a la composición, será el comienzo de nuestro boceto, sin miedo a las correcciones necesarias buscando conseguir una forma compositiva equilibrada del modelo. Para lograr la naturalidad en nuestro dibujo debemos conocer algo sobre los planos anatómicos y los movimientos articulares.

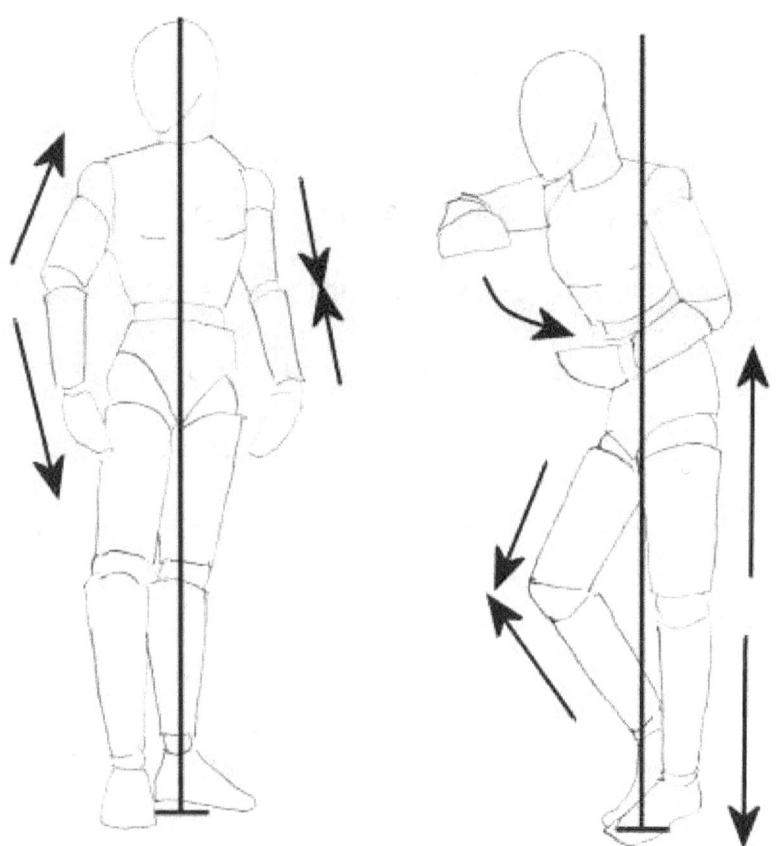
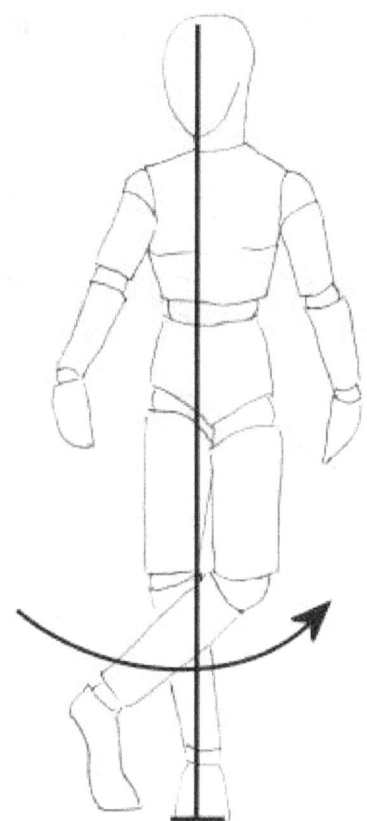

Para mantenerse en pie el cuerpo sin un punto de apoyo éste debe balancear su peso alrededor de un centro de gravedad. En la ilustración podemos ver los movimientos compensatorios que asume el cuerpo para sostenerse. Las flechas nos indican cómo unas partes del cuerpo se contraen y otras se estiran a estos fines.

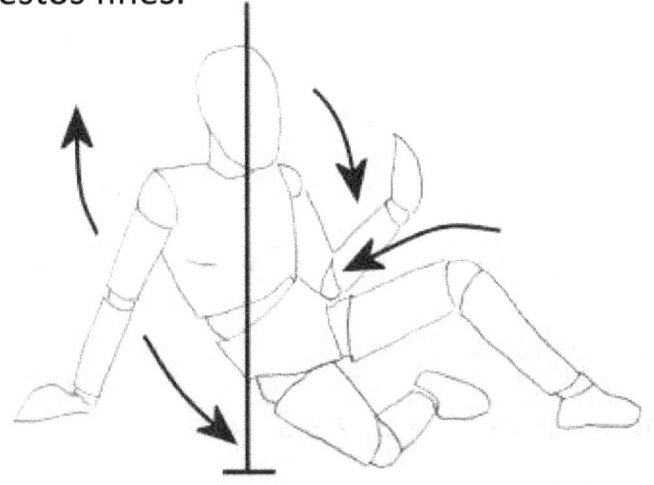
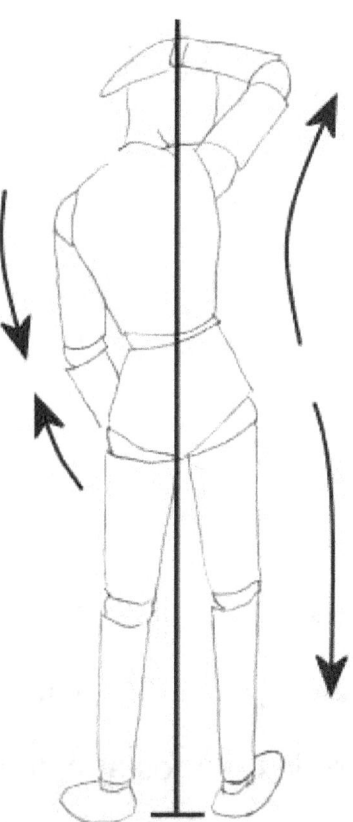

Movimientos de la columna vertebral

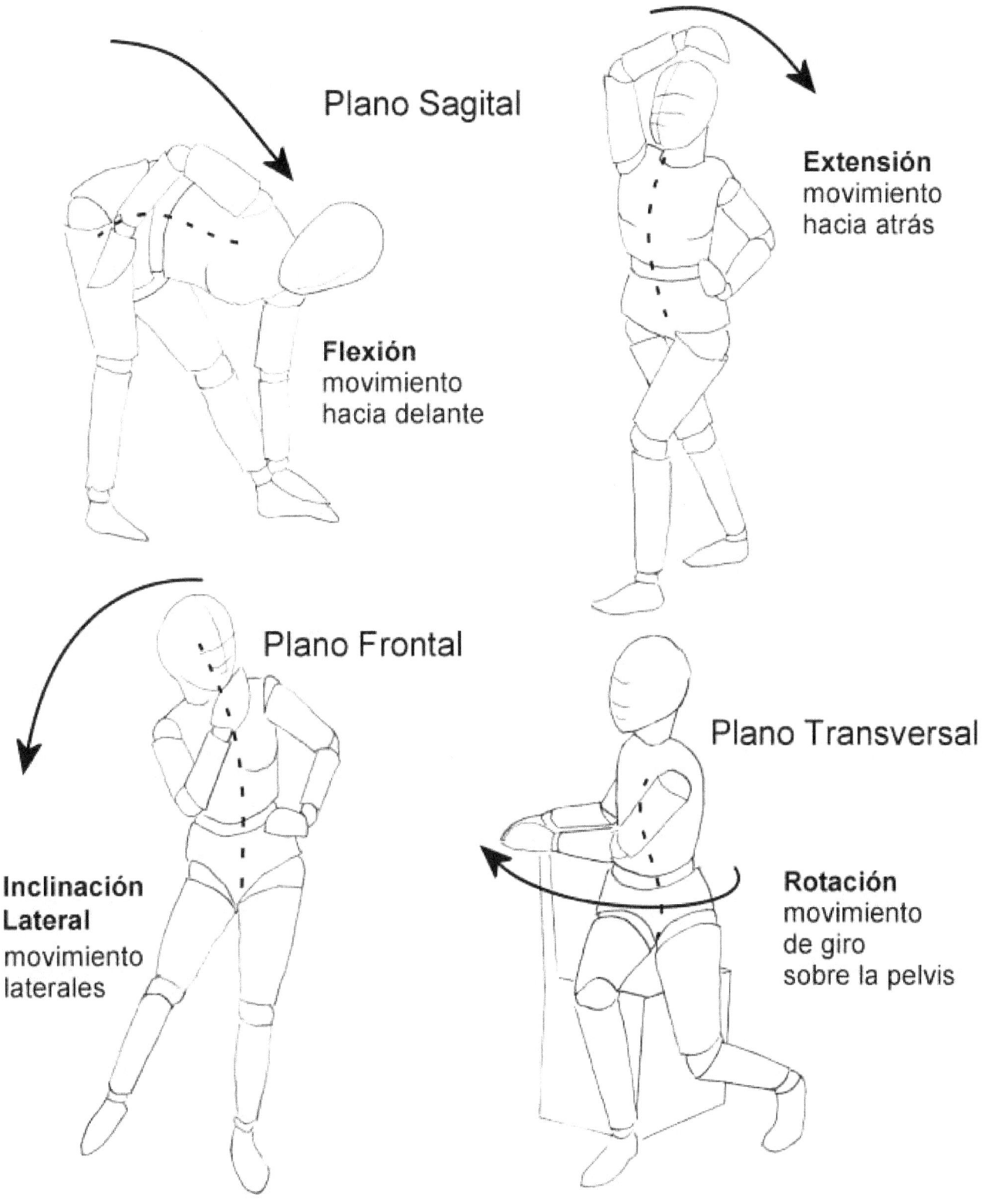

Ejes corporales

1- **Eje transversal**. Eje que va de un lado al otro de nuestro cuerpo, los movimientos que se producen se llaman de FLEXIÓN - EXTENSIÓN y son en un plano anteroposterior o sagital.

2- **Eje vertical**. Es un eje que va de arriba hacia abajo, y los movimientos en torno a ese eje se llaman movimientos de ROTACIÓN, y se producen en un plano horizontal.

3- **Eje anteroposterior**. De adelante hacia atrás, los movimientos que se producen se llaman de ABDUCCIÓN - ADUCCIÓN en las extremidades o de INCLINACIÓN LATERAL en el cuello o tronco y son hechos en un plano frontal.

Movimientos Articulares

Vamos a estudiar ahora los movimientos posibles en cada una de las articulaciones del cuerpo humano. Las articulaciones son la unión de dos o más huesos en donde se produce un movimiento, pero existen articulaciones inmóviles (*por ejemplo las formadas entre los huesos del cráneo*). Para clasificar los movimientos tendremos que estar al tanto primero de los ejes corporales en torno a los cuales se hacen los movimientos. Podemos identificar un movimiento en cada eje pero en realidad casi todos los movimientos se producen en la combinación de planos diferentes. Conocer algo de anatomía te ayudará a mejorar la pose y dar mayor naturalidad a los diferentes movimientos de tus personajes anime y manga. A continuación te explicaré brevemente cada una de las articulaciones.

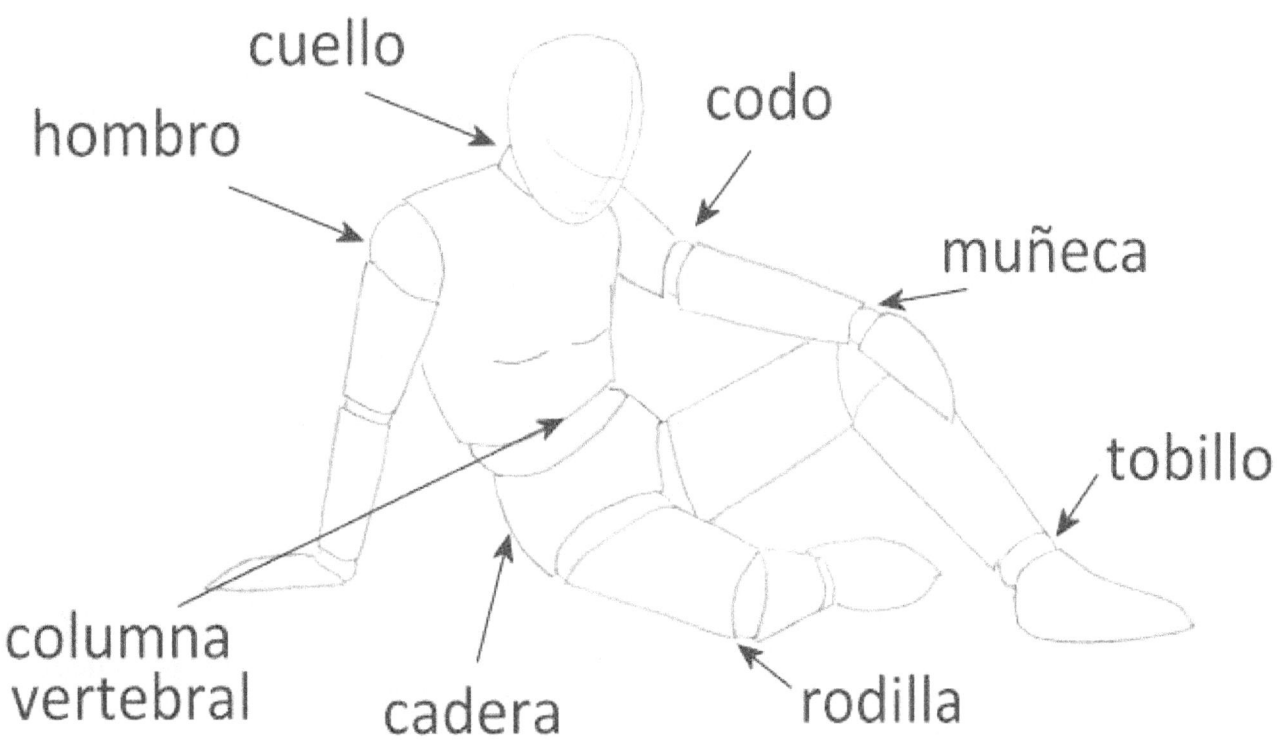

Cuello. Es la articulación formada por la unión de las vértebras cervicales con el cráneo, en esta articulación encontraremos todos los movimientos posibles en torno a los tres ejes es por lo tanto también la circunducción, flexión y extensión, abducción y aducción en este caso también se llama inclinación lateral.

Hombros. Es la articulación formada por la unión del húmero, la escápula u omóplato y la clavícula. En esta articulación también encontramos los 4 tipos diferentes de movimientos es decir: flexión y extensión, abducción y aducción, rotación y circunducción.

Codos. Los movimientos de los codos son los siguientes: flexión y extensión, la extensión se produce si hay una previa flexión y hasta un máximo de unos pocos grados más de 180º dependiendo de la persona.

Muñecas. Articulación formada por la unión de los huesos del carpo con el cúbito y el radio. Los movimientos posibles en las muñecas son flexión y extensión, abducción y aducción, circunducción, por la suma de los dos movimientos anteriores. Las muñecas no tienen rotación, la rotación que se aprecia es debida a la pronación y supinación del codo.

Cadera. En este caso nos encontramos dos puntos de articulación que estudiaremos por separado. El primer punto es la unión de las vértebras lumbares y el sacro con la pelvis, que a nivel visual nos dará movimientos del tronco con respecto a las piernas, estos movimientos son los siguientes: flexión y extensión, rotación y circunducción. El segundo punto de unión, es la articulación entre cada uno de los fémures con la pelvis. Los movimientos resultantes son los que hacen las extremidades inferiores, flexión y extensión, abducción y aducción, circunducción y rotación.

Rodillas. Articulación formada por la unión del fémur, la tibia, la rótula y el peroné. Los movimientos que encontramos en la rodilla son: flexión y extensión, rotación, pero para que la rodilla la pueda hacer debe primero flexionarse porque si no el ligamento cruzado anterior impide la rotación.

Tobillos. La unión entre los huesos del tarso (astrágalo) con la tibia y el peroné. Los movimientos son flexión y extensión, circunducción, abducción y aducción, llamadas en los tobillos inversión y eversión.

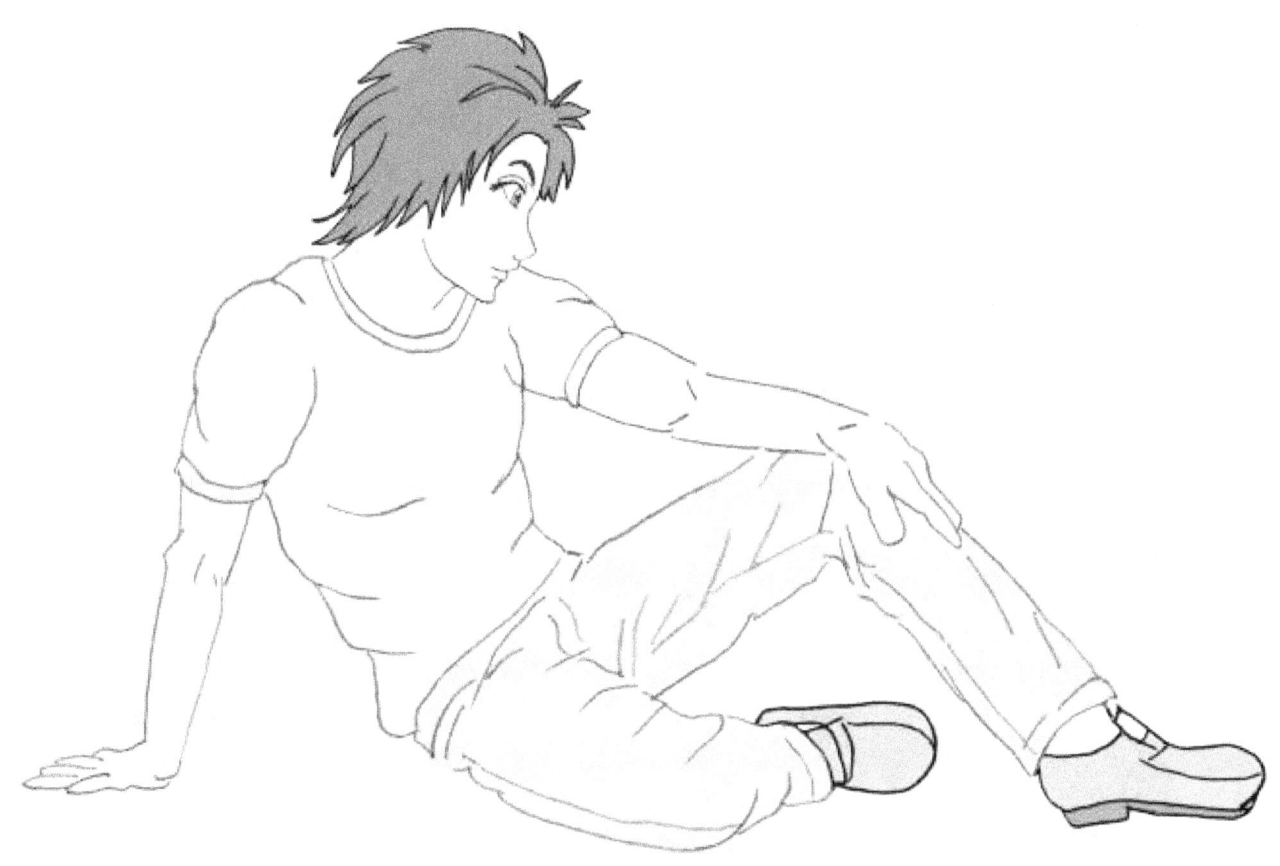

Como Dibujar un Cuerpo Anime y Manga

Para dibujar correctamente el cuerpo de un personaje anime, es importante conocer múltiples aspectos de la anatomía del cuerpo humano realista como ya has visto en páginas anteriores. En un dibujo anime o manga, aunque se trata de rasgos tal vez caricaturescos o de fantasía existen características comunes que se incluyen en todo cuerpo anatómico dibujado fielmente. En el dibujo anime cobran especial importancia los rasgos anatómicos distintivos del cabello y los ojos que alteran la realidad al cambiar de forma y proporciones.

A continuación te presentaré una técnica general para dibujar cuerpos anatómicos realistas que de manera indiferenciada sirven para personajes manga y anime bien sea masculinos o femeninos.

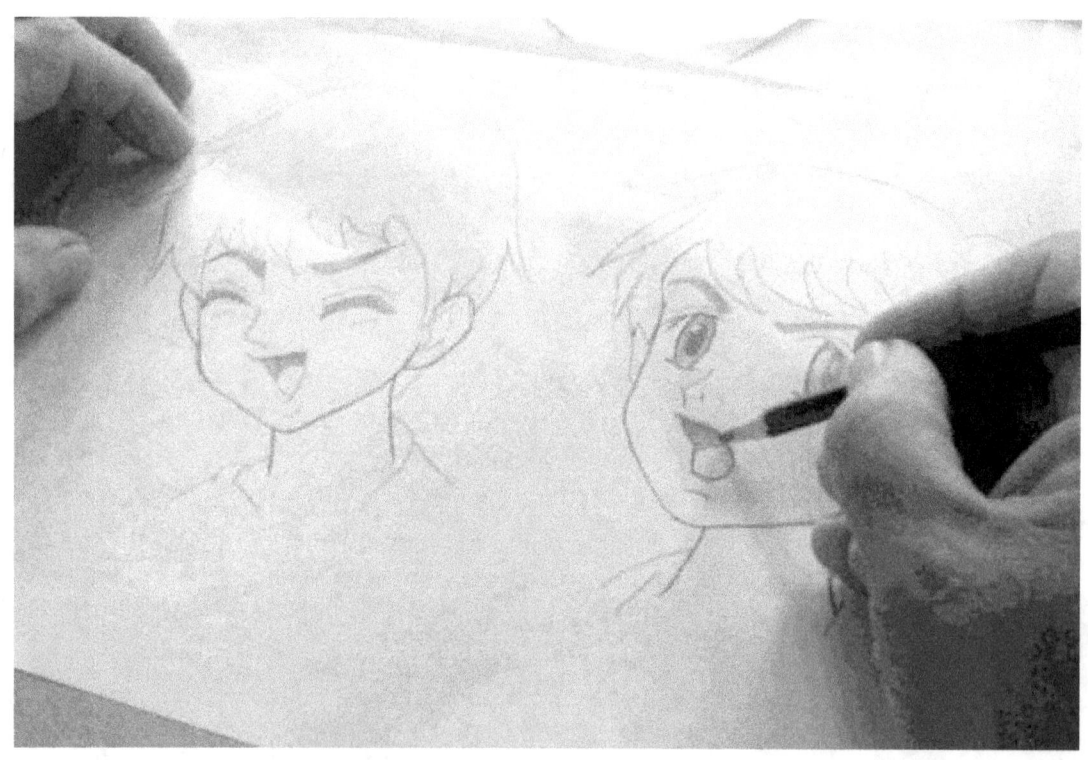

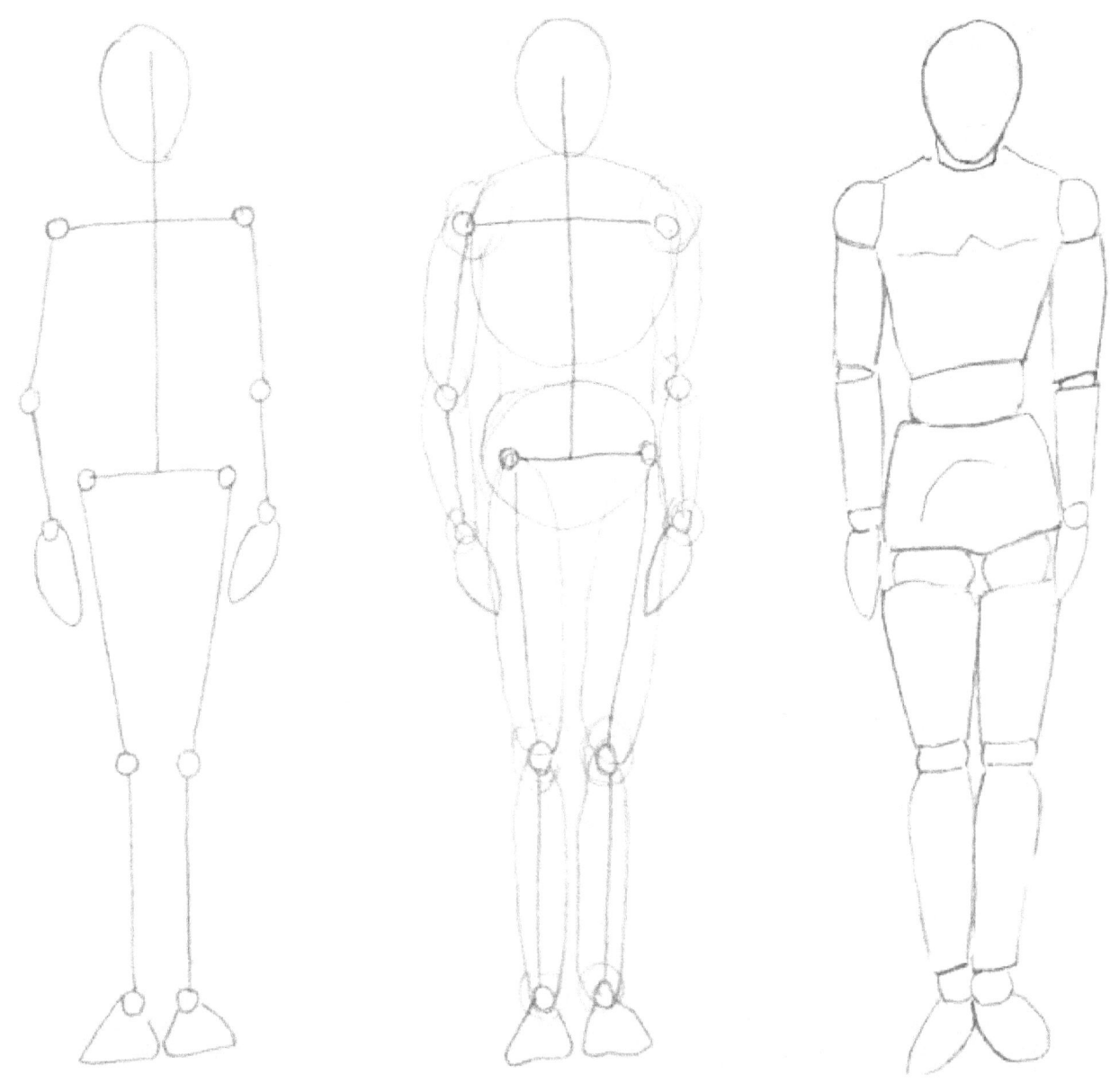

Dibuja el Esquema del Cuerpo

Comienza dibujando un óvalo para la cabeza, en la parte inferior añade a tu dibujo unas líneas guías con los ejes del torso. Finalmente, dibuja líneas y círculos *(dibujo de palitos)* para dirigir el movimiento y posición de las extremidades *(ejes corporales)* manteniendo las proporciones y pose del personaje.

Dibuja la Formas Básicas

Para dar volumen al cuerpo traza las formas básicas con óvalos *(dibujo de rollitos)* alrededor de las líneas, esto demarcara los brazos y las piernas de tu personaje.

Ayúdate con un Maniquí

Si dispones de un hombre de madera "Maniquí Articulado" acomódalo en la pose de tu personaje para que puedas representar la masa del cuerpo más fácilmente en tu dibujo. Recuerda que usaremos el maniquí como recurso para ilustrar las poses y movimientos de nuestros personajes.

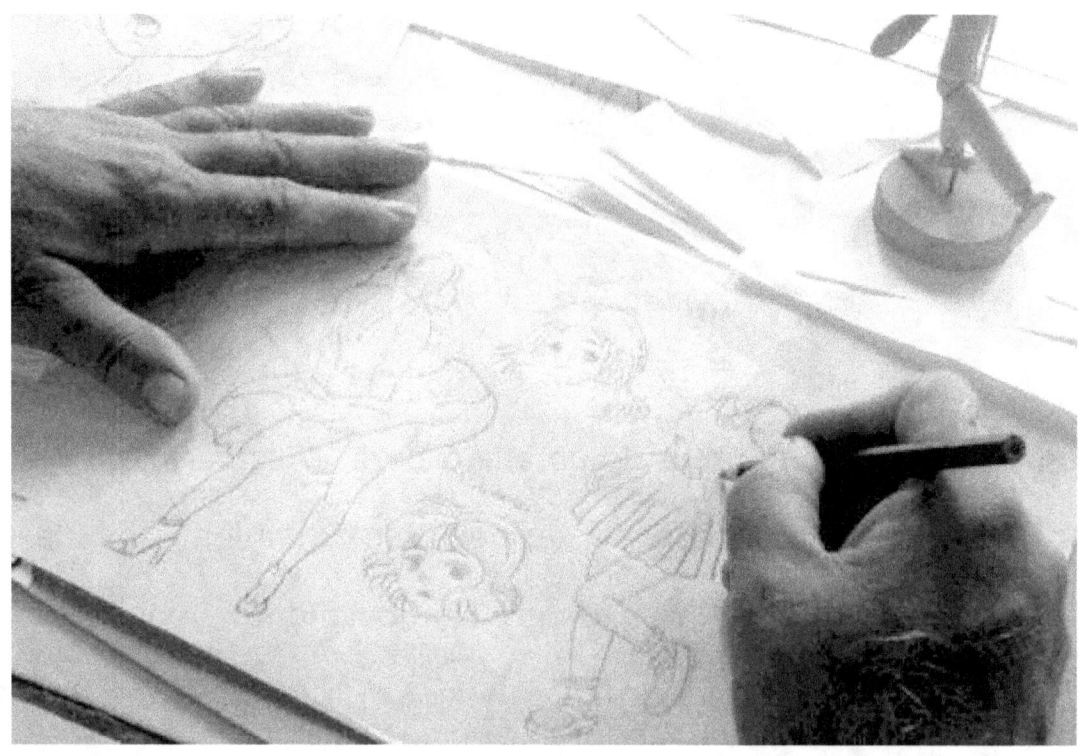

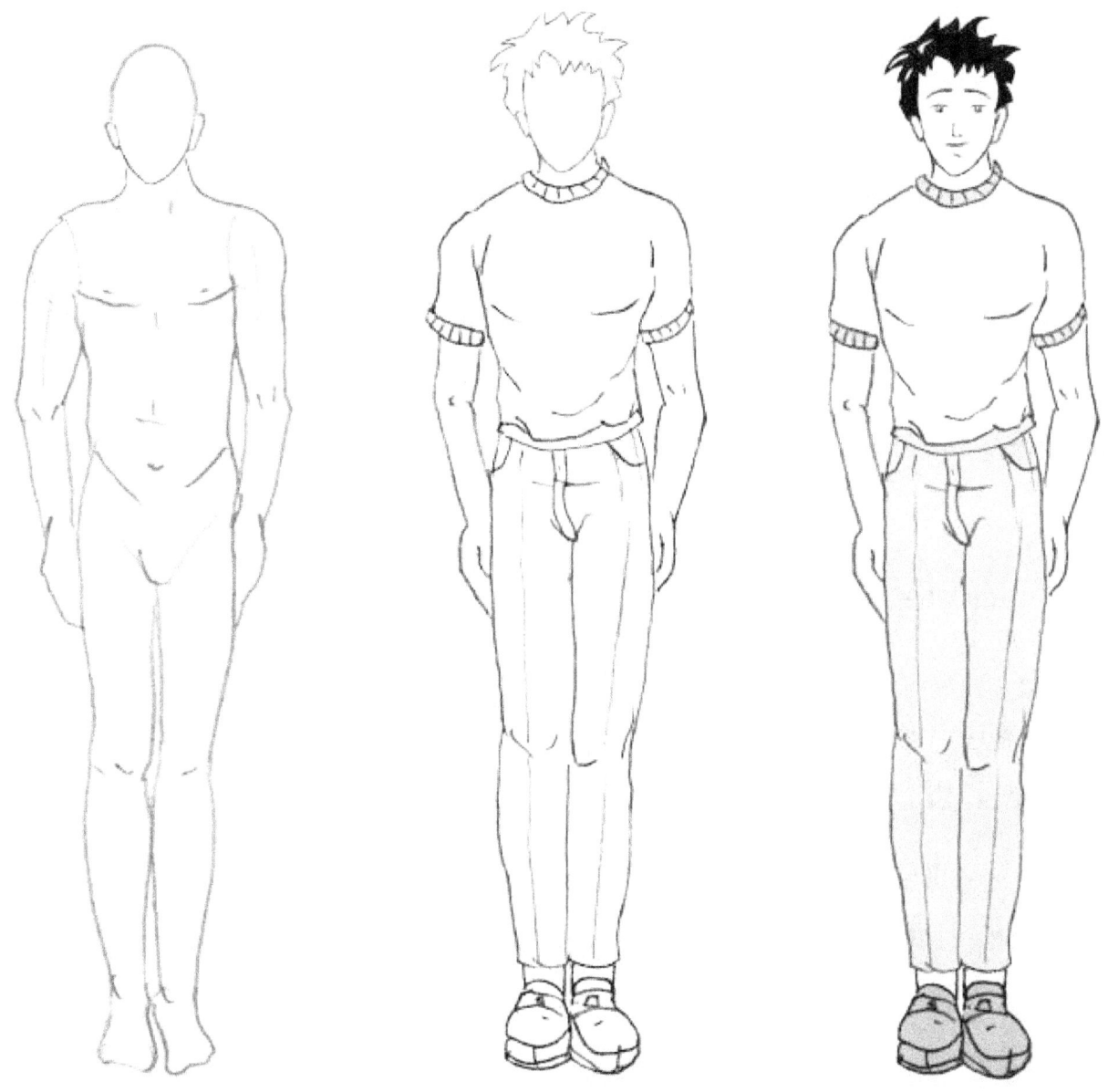

Dibuja el Contorno Realista

Esboza ligeramente los contornos de la figura lo más realista posible. En el extremo de los óvalos que marcan las palmas de las manos dibuja líneas sencillas para identificar los dedos. Finalmente añade los detalles necesarios para completar el cuerpo, como las líneas de la rodilla, codos y otros pliegues corporales según la pose.

Añade más Detalles

Añade la ropa y accesorios a tu personaje, según el estilo que le quieras dar. Trabaja los detalles característicos del cabello femenino o masculino. En este paso puedes añadir algunas líneas semicirculares en el torso para resaltar el género de tu personaje si es femenino, sino simplemente borra las líneas base.

Terminaciones y Color

Finalmente añade las facciones y otros detalles del rostro, el cabello y la vestimenta. Si lo que deseas puedes agregar colores a tu personaje. Puedes dejar tu dibujo en blanco y negro o trabajarlo con una escala modulada de grises para diferenciar la ropa y accesorios. Puedes también con lápiz difuminar los tonos para crear un claroscuro artístico o simplemente terminar el dibujo con un marcador fino repasando por las líneas que dibujaste a lápiz y luego borrar el trazo del grafito para solo resaltar las líneas del dibujo a tinta.

Movimientos Básicos

Los movimientos básicos son las posturas que adoptamos en la vida diaria, acciones cotidianas que se utilizan con frecuencia en el mundo de los comics, la animación y los videos juegos. Cuando hablamos de animación pensamos rápidamente en acciones dramáticas transmitidas en movimiento de los protagonistas, luchando, corriendo, saltando etcétera.

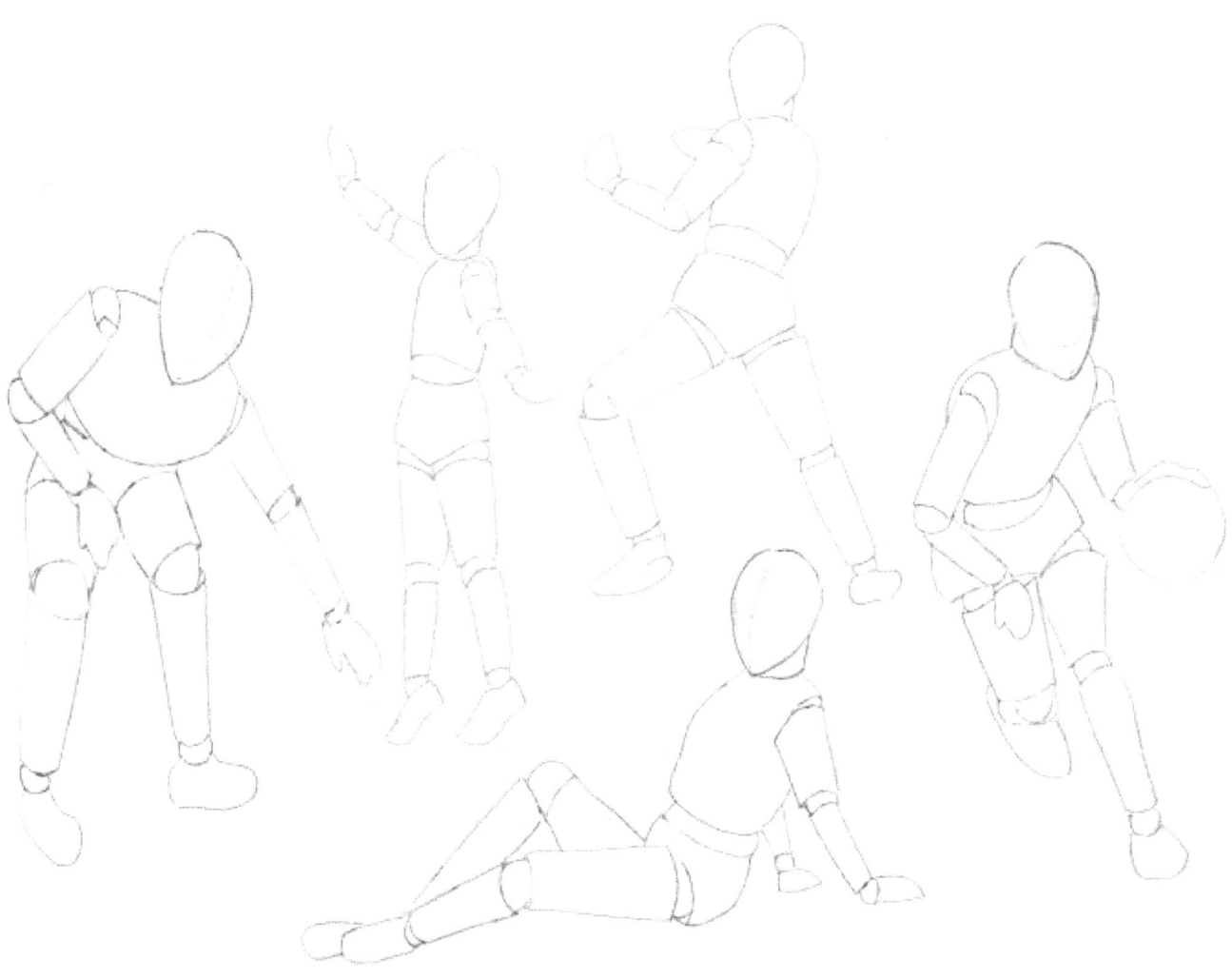

De Pie

Esta es la postura básica de un personaje de pie. En atención los hombros se dibujan ligeramente elevados y la espalda derecha. Las piernas permanecen juntas y los brazos caen apoyándose las manos en los muslos.

Cuando la pose es relajada *(contrapposto)* el cuerpo descansa principalmente sobre una pierna, ésta empuja hacia arriba la correspondiente cadera y el hombro cae para compensar la postura. El torso adquiere una forma comprimida, mientras el otro lado se estira un poco.

Sentado

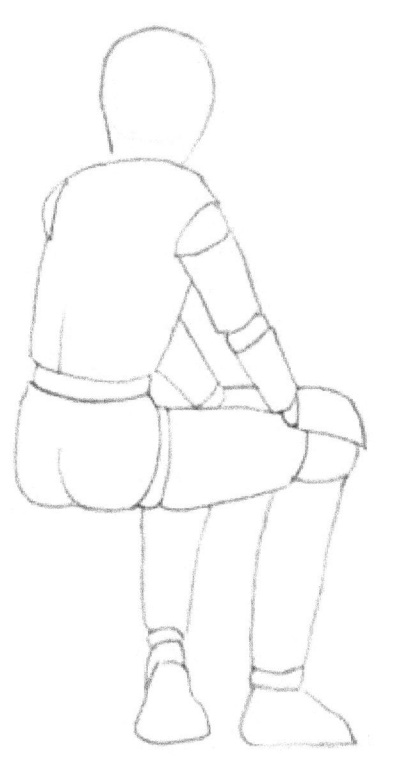

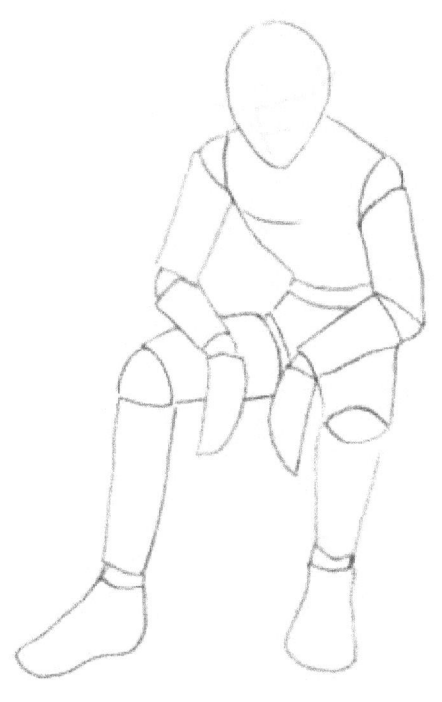

En esta pose el cuerpo está en tensión. El torso está inclinado hacia delante *(flexión)* y el peso recae sobre los brazos.

En esta postura informal el cuerpo está relajado con los brazos separados y las piernas abiertas. El peso de la espalda recae sobre los brazos.

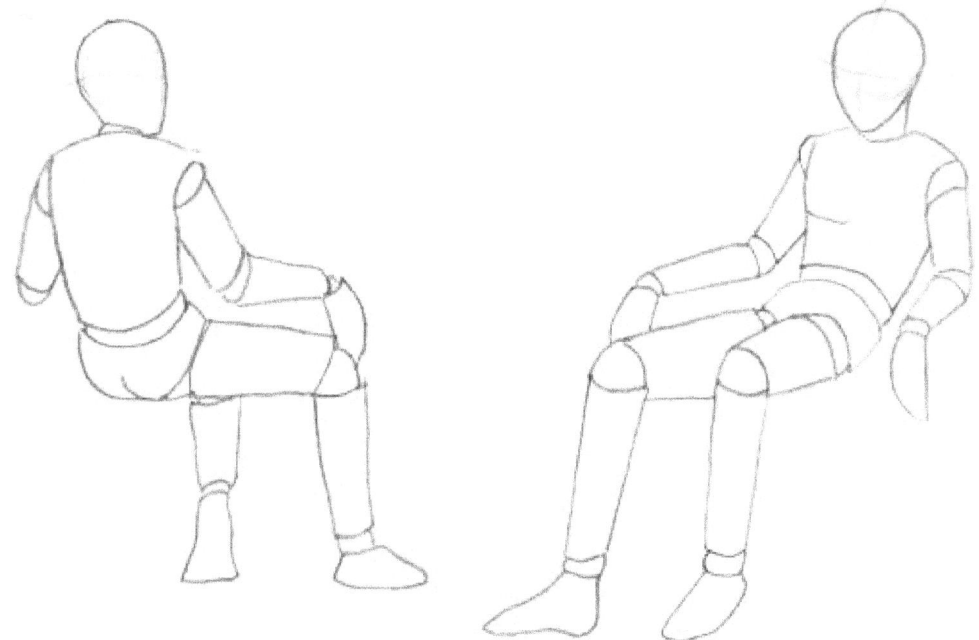

Esta es una postura muy relajada donde el eje corporal de la espalda sigue la forma del asiento. Las muñecas están dobladas siguiendo el brazo del asiento. La cabeza se dibuja un poco inclinada y solo se ve parte del cuello.

Sentado el Suelo

Esta es una postura relajada con las piernas cruzadas y la espalda en flexión apoyando el peso en los brazos y las rodillas. Los hombros están bajos y las muñecas están en reposo.

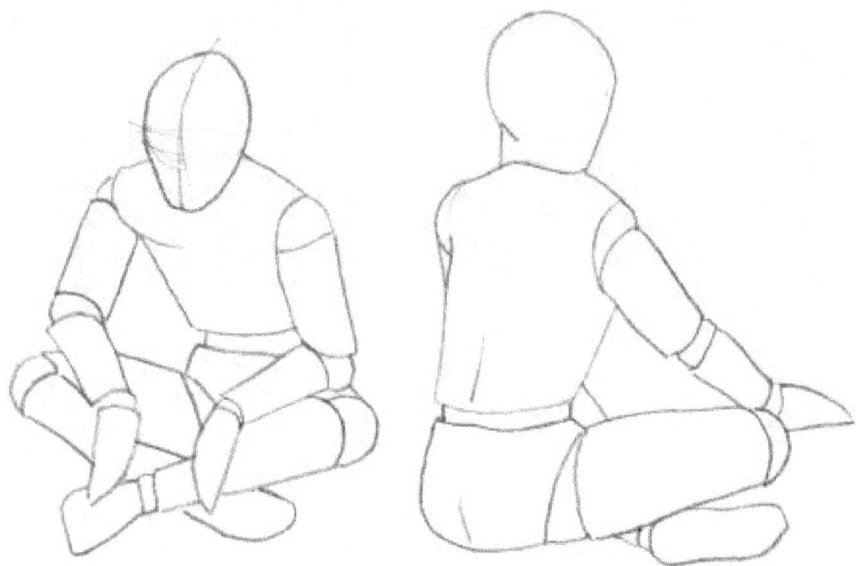

Para relajar más el cuerpo de nuestro personaje lo dibujamos tendido en el suelo. Apoyado sobre un costado, la curva del eje de la espalda se acentúa y se dibujan las piernas juntas y la mano afirmando la cabeza.

Para un cuerpo completamente relajado se dibujan cabeza, hombros, espalda y caderas apoyados al suelo. El pecho se hunde y la curvatura de las nalgas no se marca mucho incluso si es una chica. Las rodillas se dibujan un poco hacia afuera y los pies ligeramente hacia delante. Recuerda que las proporciones se acortan según la perspectiva.

Acostado

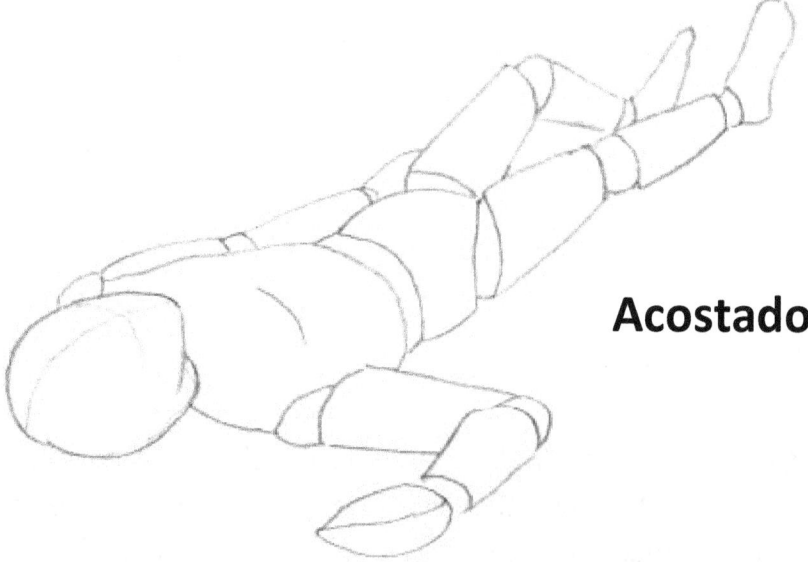

Movimiento del eje al caminar

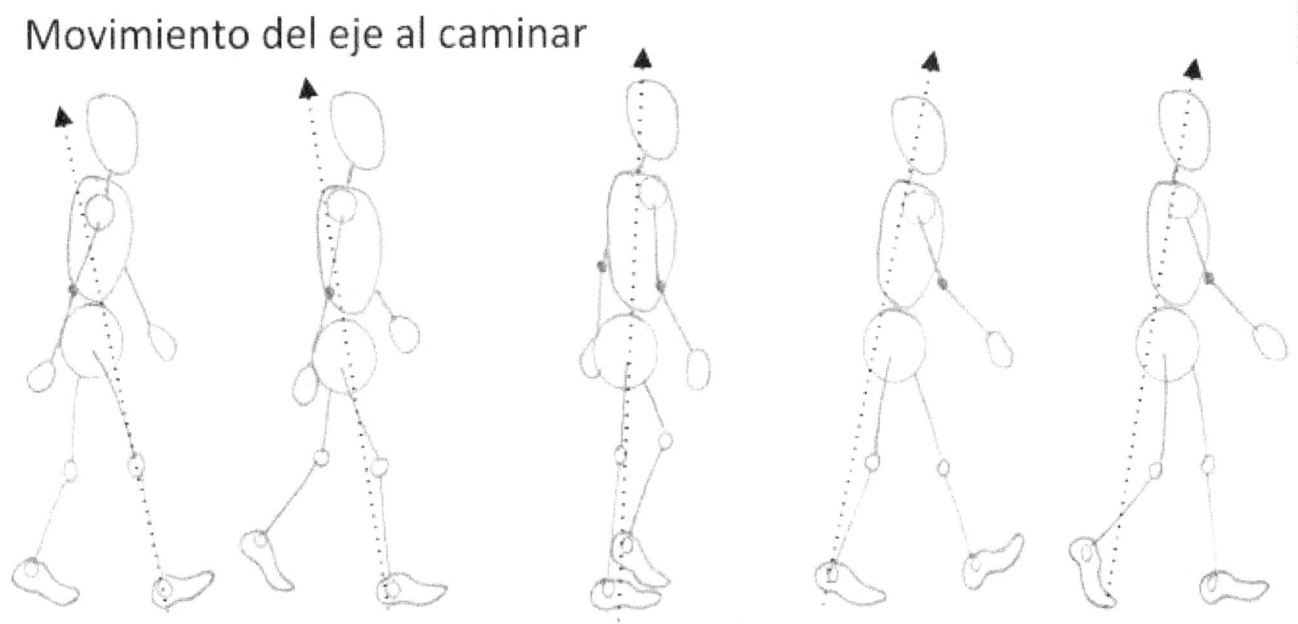

Observa en las gráficas la posición que adquieren los brazos y las piernas al caminar o al correr. La secuencia animada te da una idea con más claridad de cómo se disponen las extremidades en cada una de las faces. El centro de gravedad se mueve al caminar o correr y el ángulo del eje en el cuerpo cambia según se ejecuta cada uno de los movimientos. Si no tenemos en cuenta el punto donde la espalda se dobla se puede alterar el equilibrio.

Movimiento al correr

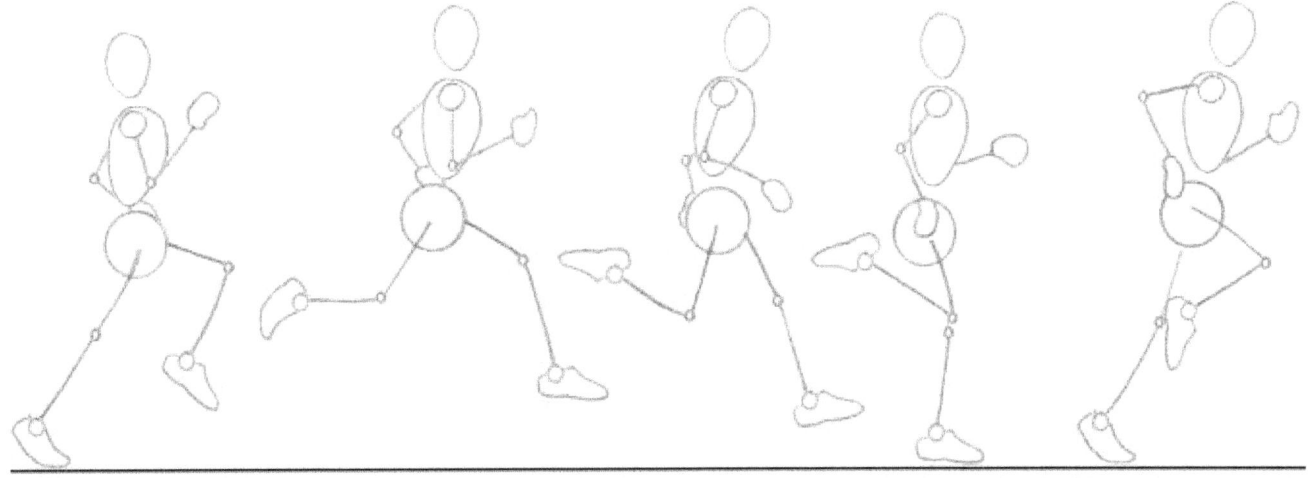

Caminando

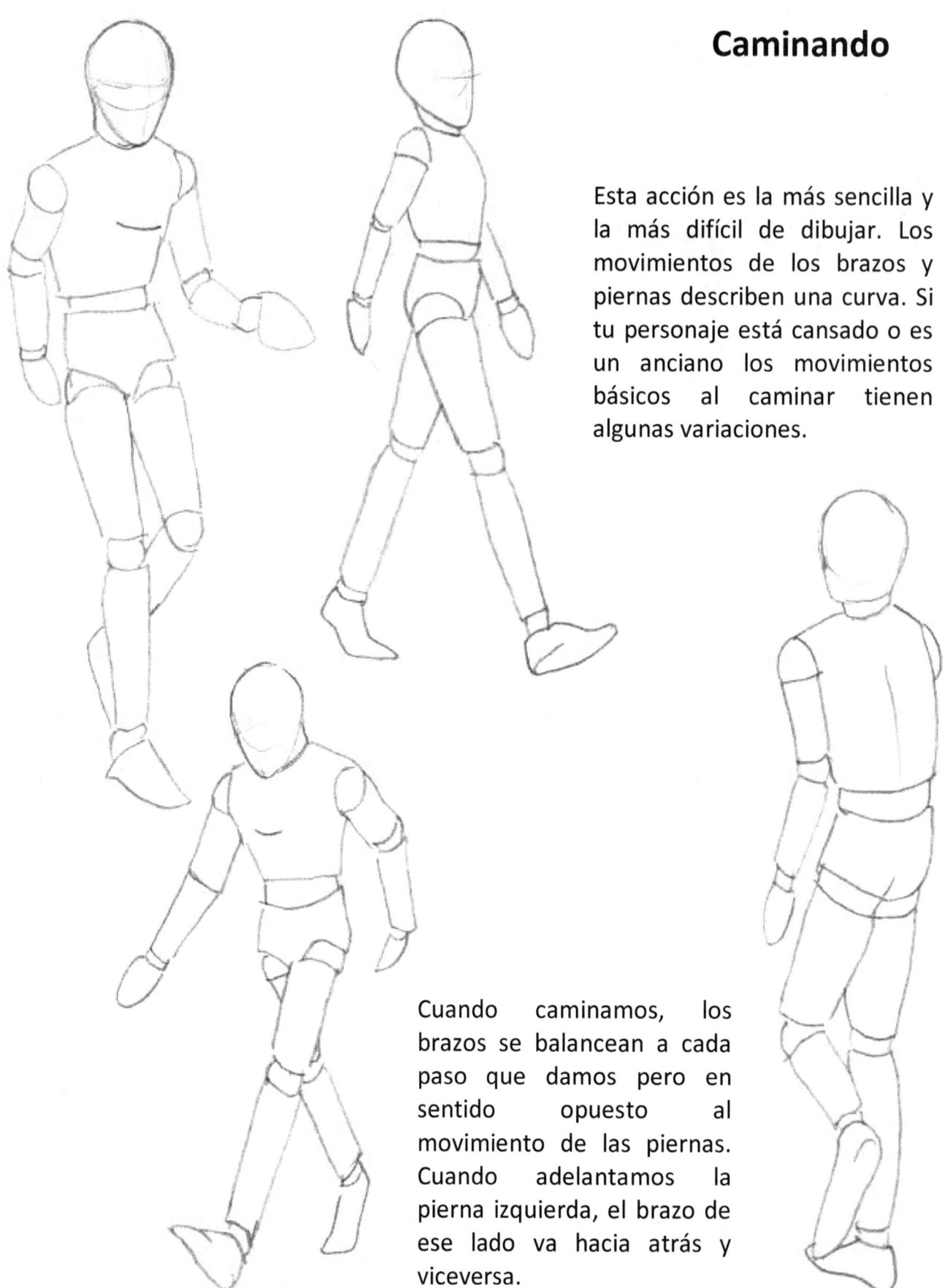

Esta acción es la más sencilla y la más difícil de dibujar. Los movimientos de los brazos y piernas describen una curva. Si tu personaje está cansado o es un anciano los movimientos básicos al caminar tienen algunas variaciones.

Cuando caminamos, los brazos se balancean a cada paso que damos pero en sentido opuesto al movimiento de las piernas. Cuando adelantamos la pierna izquierda, el brazo de ese lado va hacia atrás y viceversa.

Corriendo

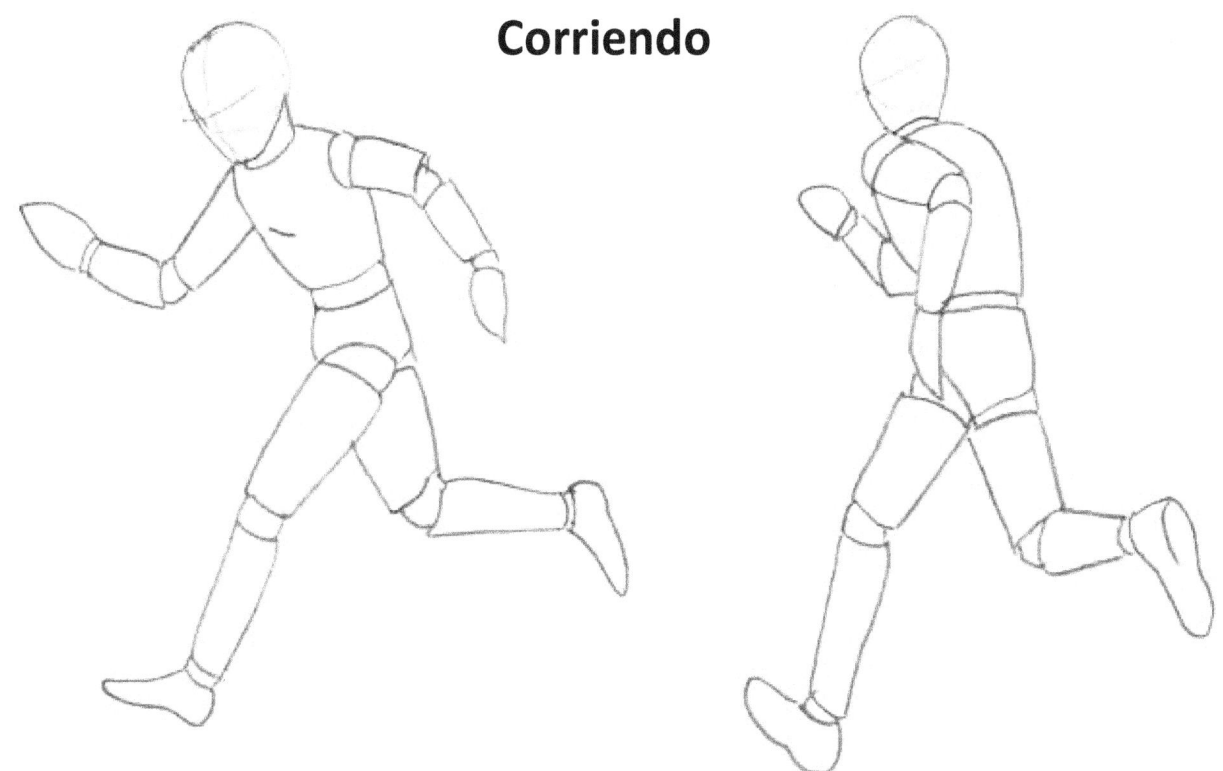

Cuando corremos los movimientos son muy parecidos a cuando caminamos, los brazos se balancean a cada paso que damos pero en sentido opuesto al movimiento de las piernas. Cuando adelantamos la pierna izquierda, el brazo de ese lado va hacia atrás y viceversa.

El movimiento en las caderas y los hombros es mayor por lo que debes dibujarlos en rotación opuesta en el plano transversal. Al torcer un poco las caderas opuesta a los hombros lucirá con mayor realismo la acción. Si dibujas la pierna de impulso extendida y la espalda flexionada siguiendo ésta, se crea la ilusión de mayor velocidad.

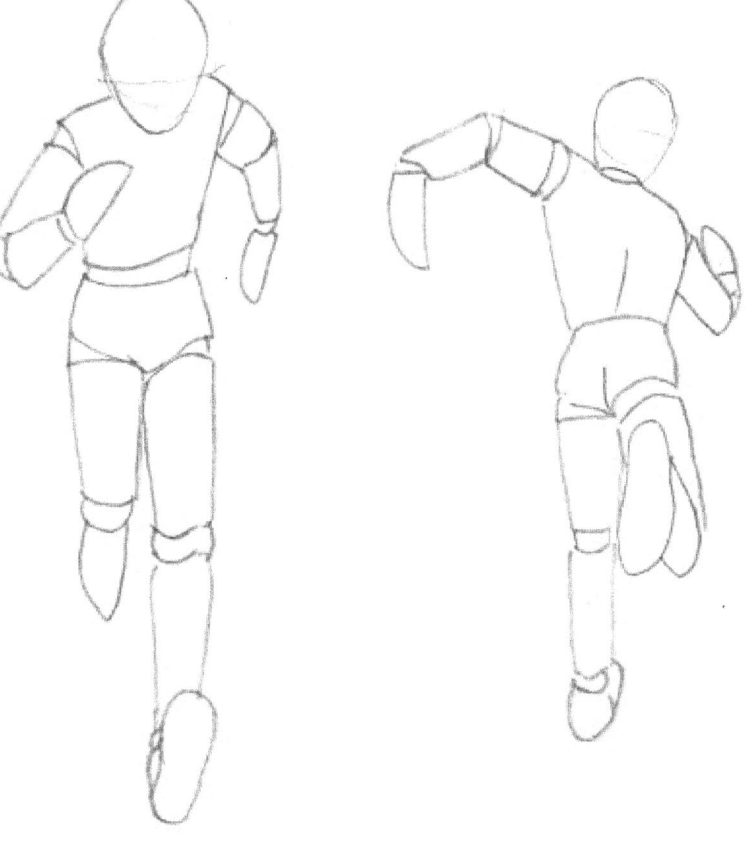

Proceso de un Dibujo de Figura en Movimiento

El modelo debe observarse en la totalidad de su movimiento. Por medio de trazos sueltos (*dibujo de palito*) y libres intenta captar una aproximación a la pose. Ensaya posiciones ligeramente distintas para cada miembro (*brazos y piernas*) hasta precisar aquella que refleje la articulación en movimiento del modelo.

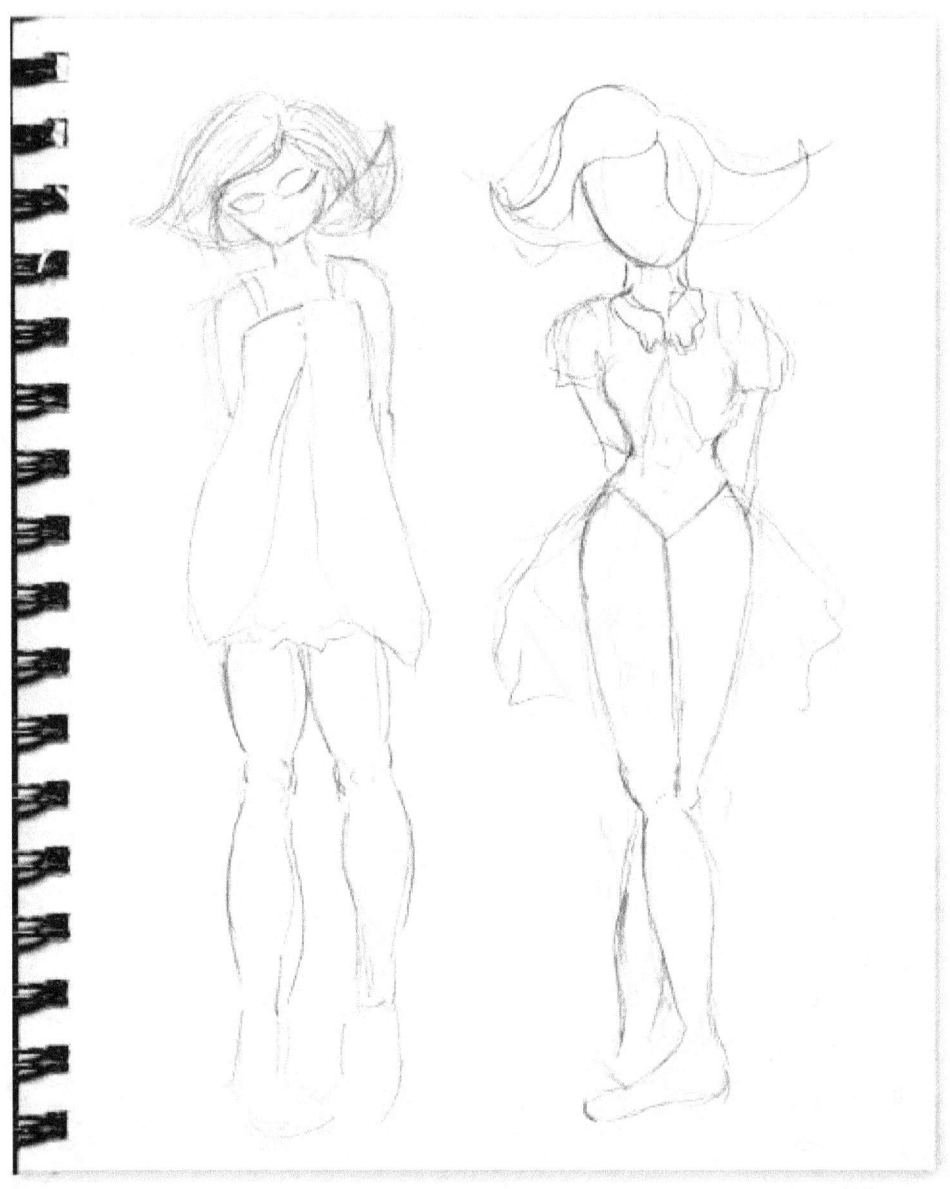

Apuntes de poses en movimiento, Mónica N. Borges González, Escuela Nacional Artes Plásticas PR, 2013

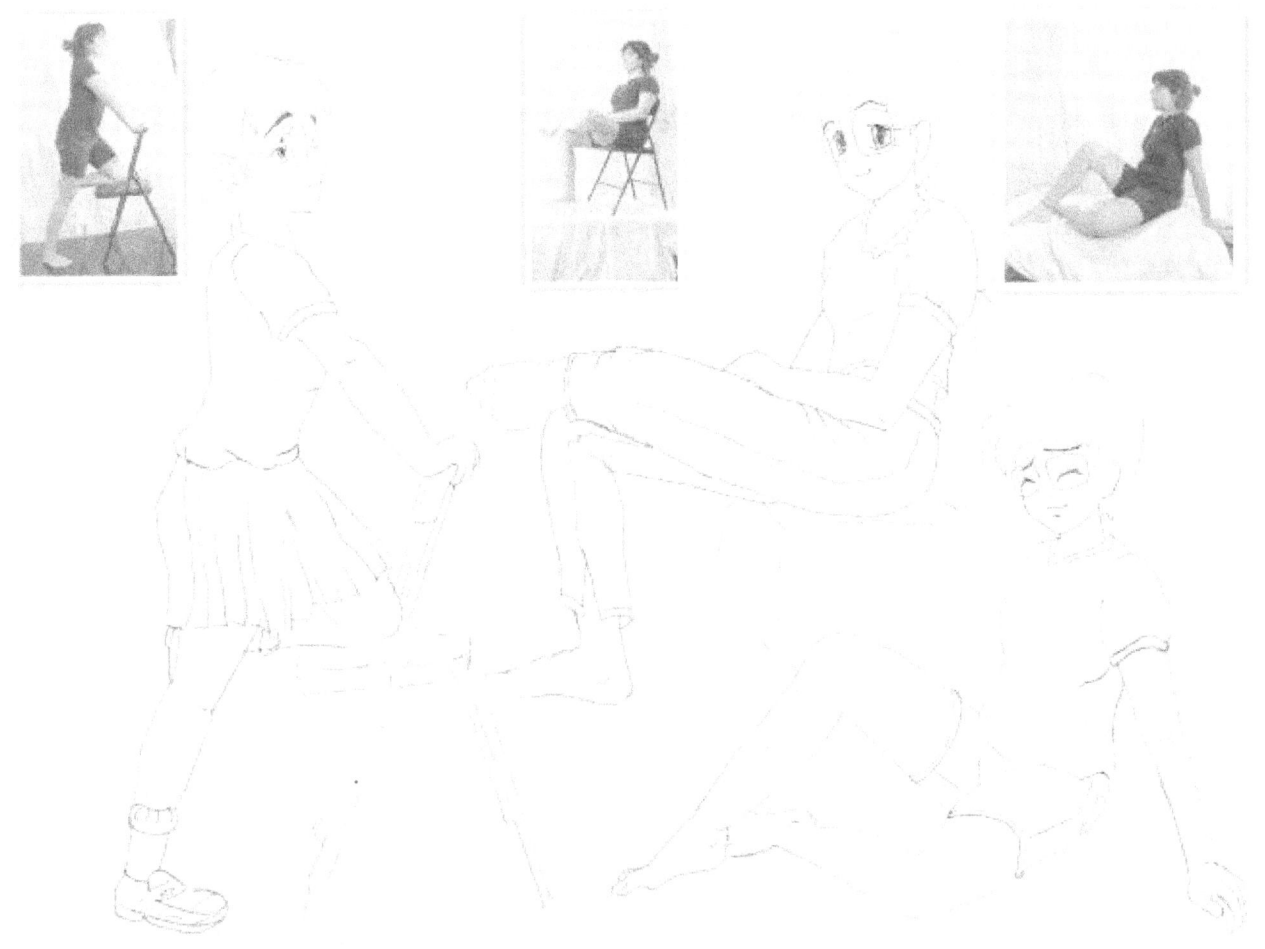

Este estudio de poses se realizó en vivo para bosquejar los esquemas anatómicos *(modelo: Mónica Nahir Borges-18 años)*, luego se interpretó cada boceto como un dibujo estilo manga y anime que bautice como "Narue Boj". Use un lápiz blando 2B que se adapta bien para agilizar y captar la expresión del movimiento. El trazo es cómodo e inmediato, grueso o fino según la aplicación (*presión ejercida*) en el lápiz y los sombreados se llevan a cabo con rapidez gracias a la posibilidad de difuminar las líneas con un pincel seco si fuera necesario. Debes trazar con el lápiz 4B o un marcador fino las líneas de contornos para que la figura quede encerrada en sus propios límites y luzca sólida. Trabaja los detalles de vestimenta y accesorio para terminar el dibujo de contorno. Copia los siguientes dibujos como ejercicio de práctica.

Chica posando en traje de baño

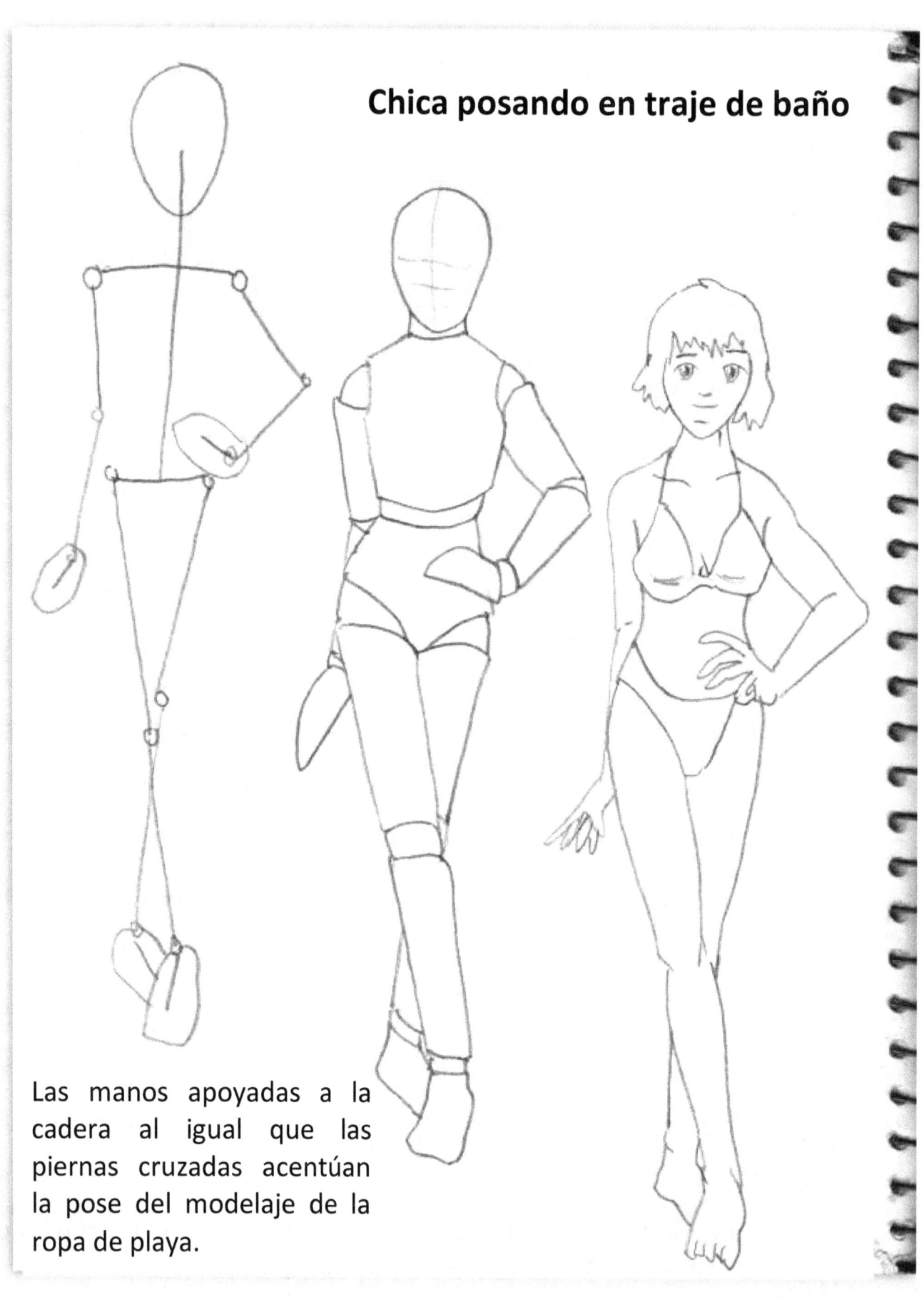

Las manos apoyadas a la cadera al igual que las piernas cruzadas acentúan la pose del modelaje de la ropa de playa.

Chico recostado sobre su hombro

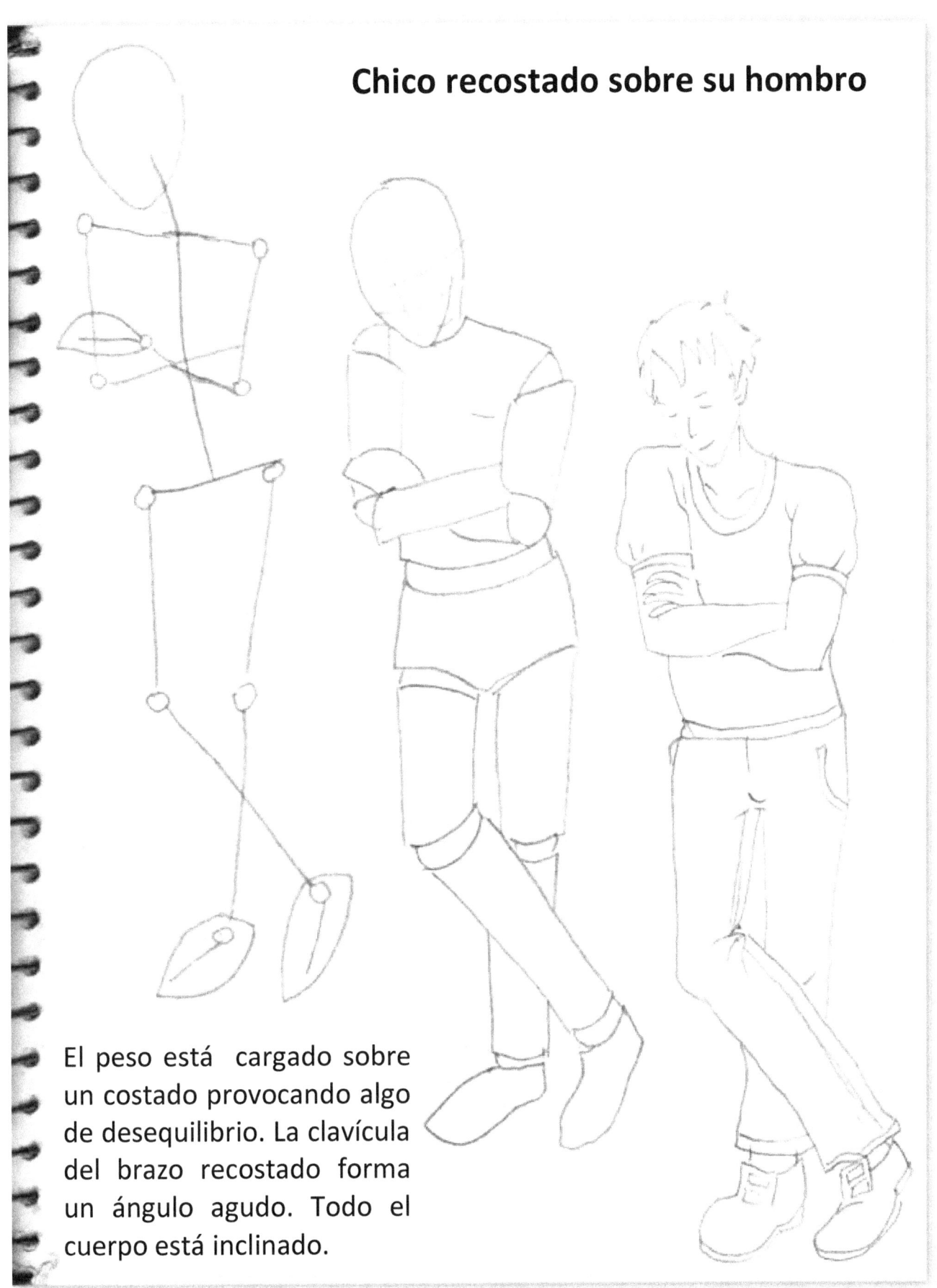

El peso está cargado sobre un costado provocando algo de desequilibrio. La clavícula del brazo recostado forma un ángulo agudo. Todo el cuerpo está inclinado.

Joven escolar posando

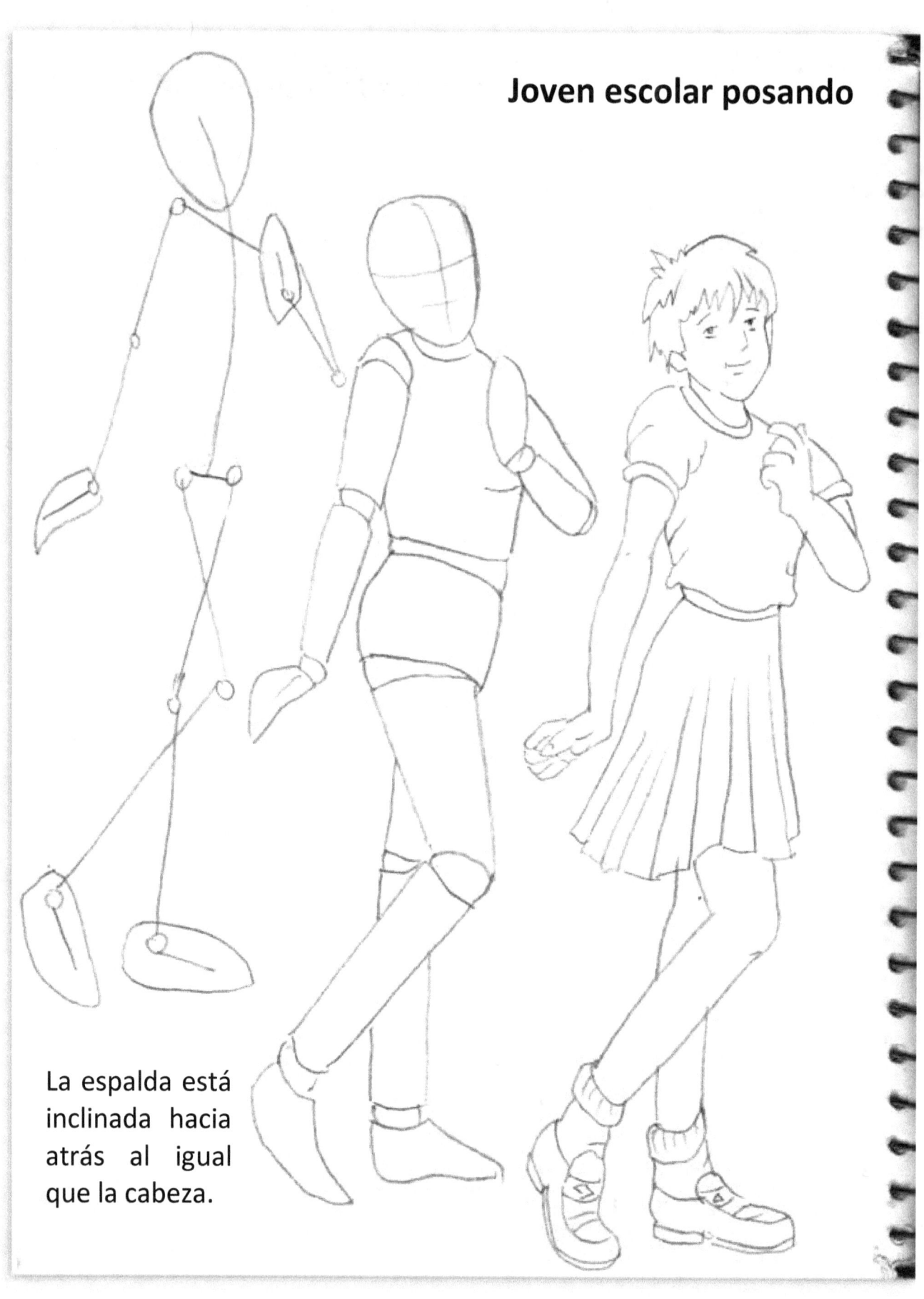

La espalda está inclinada hacia atrás al igual que la cabeza.

Chico corriendo desesperado

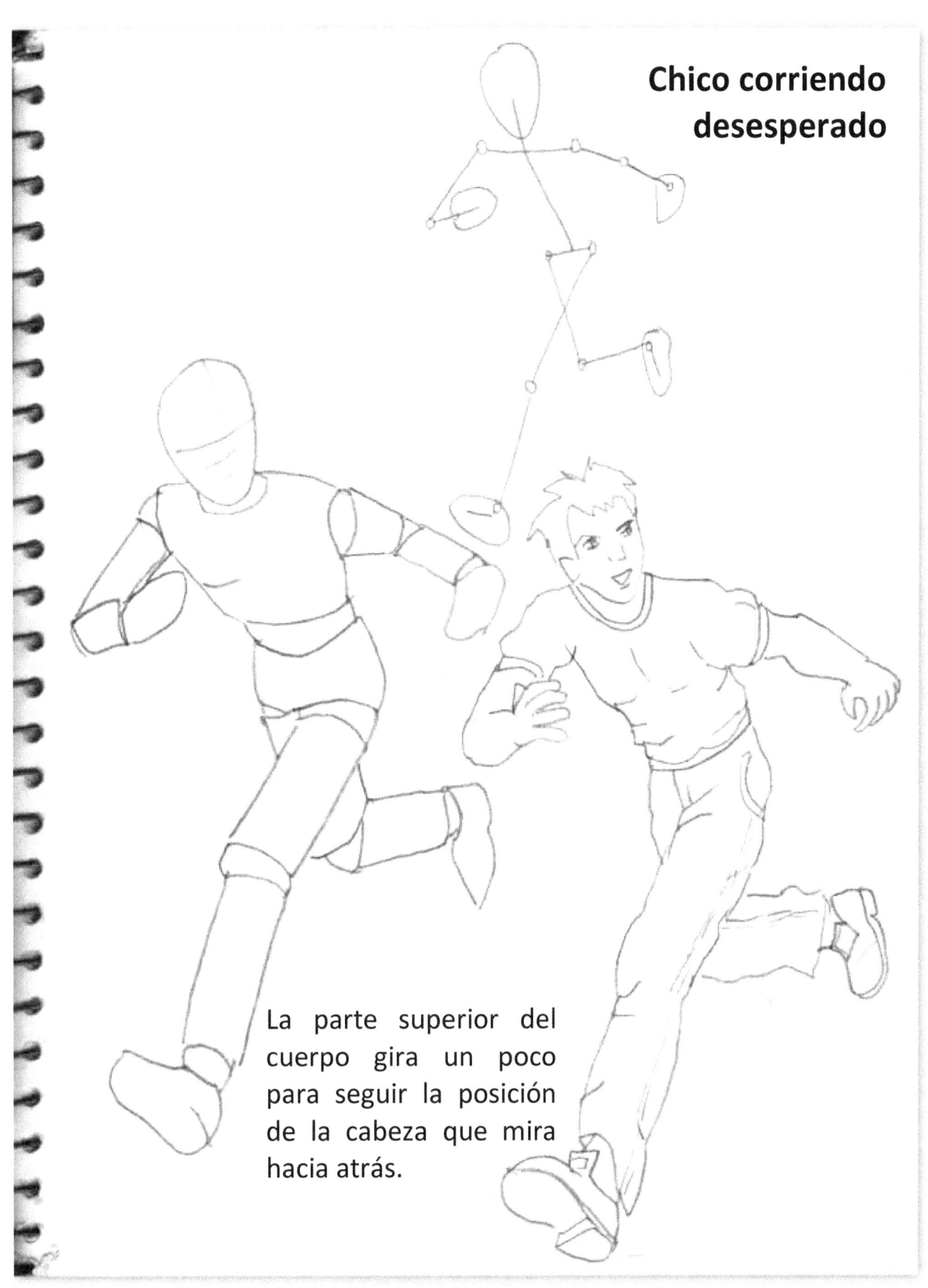

La parte superior del cuerpo gira un poco para seguir la posición de la cabeza que mira hacia atrás.

Chica acostada en el suelo

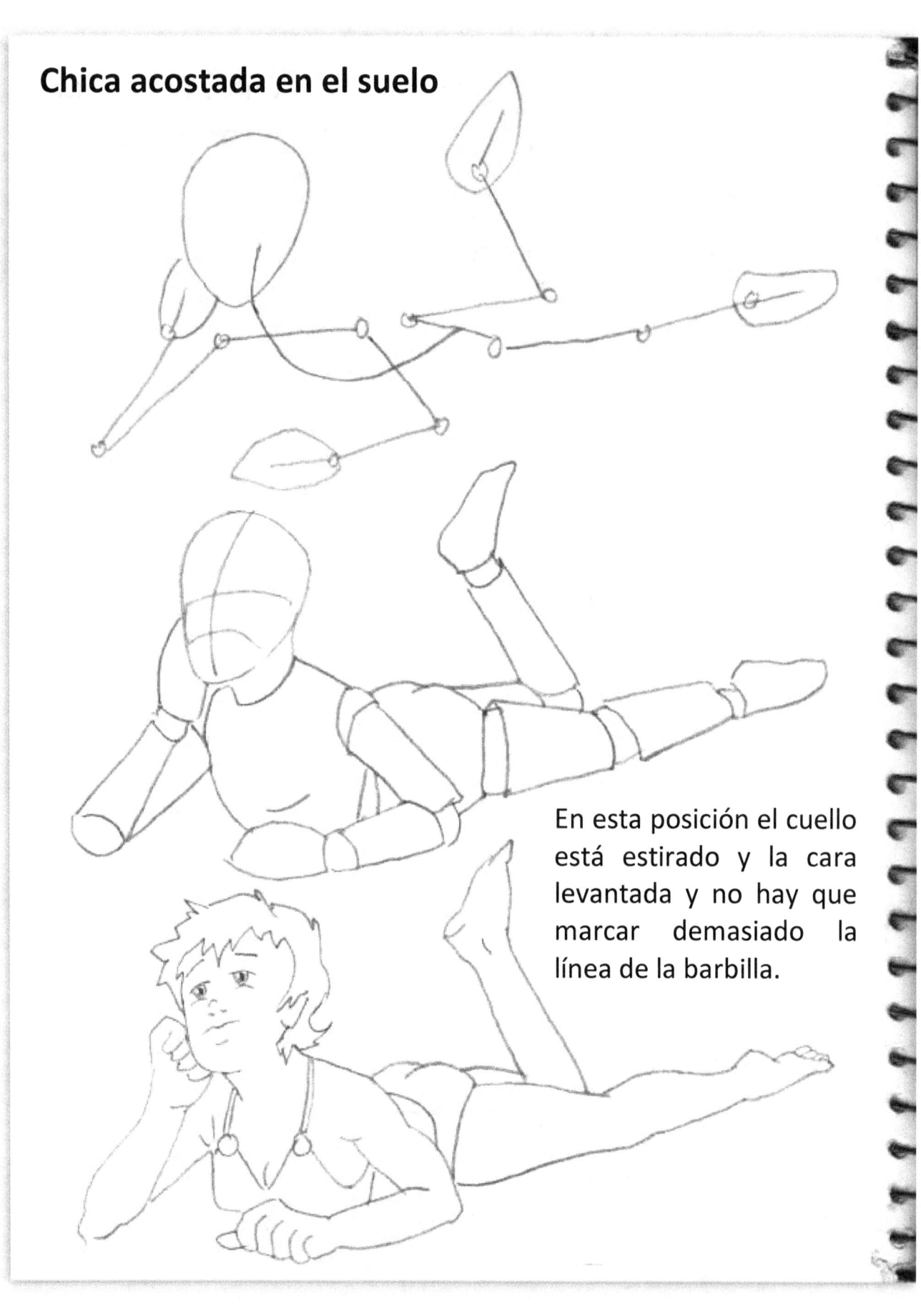

En esta posición el cuello está estirado y la cara levantada y no hay que marcar demasiado la línea de la barbilla.

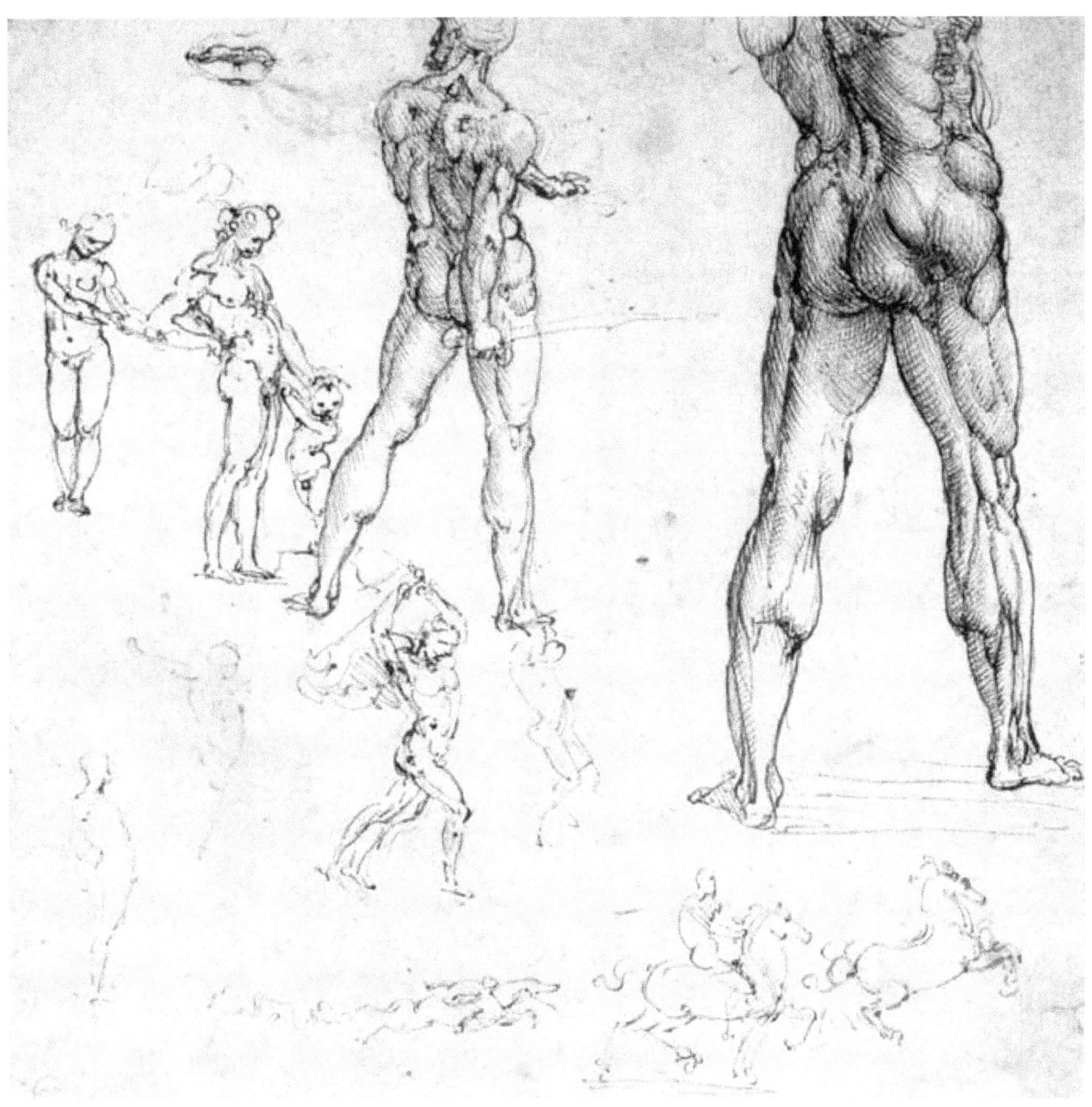

"Cuando dibujes un desnudo, aboceta la figura entera y ajusta los miembros de manera que aunque solo acabes una pequeña porción del dibujo, todas las partes parezcan bien reunidas, así, ese boceto te será útil en el futuro"

Leonardo Da Vinci. (1452-1519)

Comienza trazando dos líneas para el eje craneocaudal (*vertical*) y el eje laterolateral (*horizontal*) para usarlo de referencia. Luego traza los ejes de la estructura de soporte del cuerpo (*esqueleto*), puedes usar de modelo el maniquí. Observa la curvatura en la espalda.

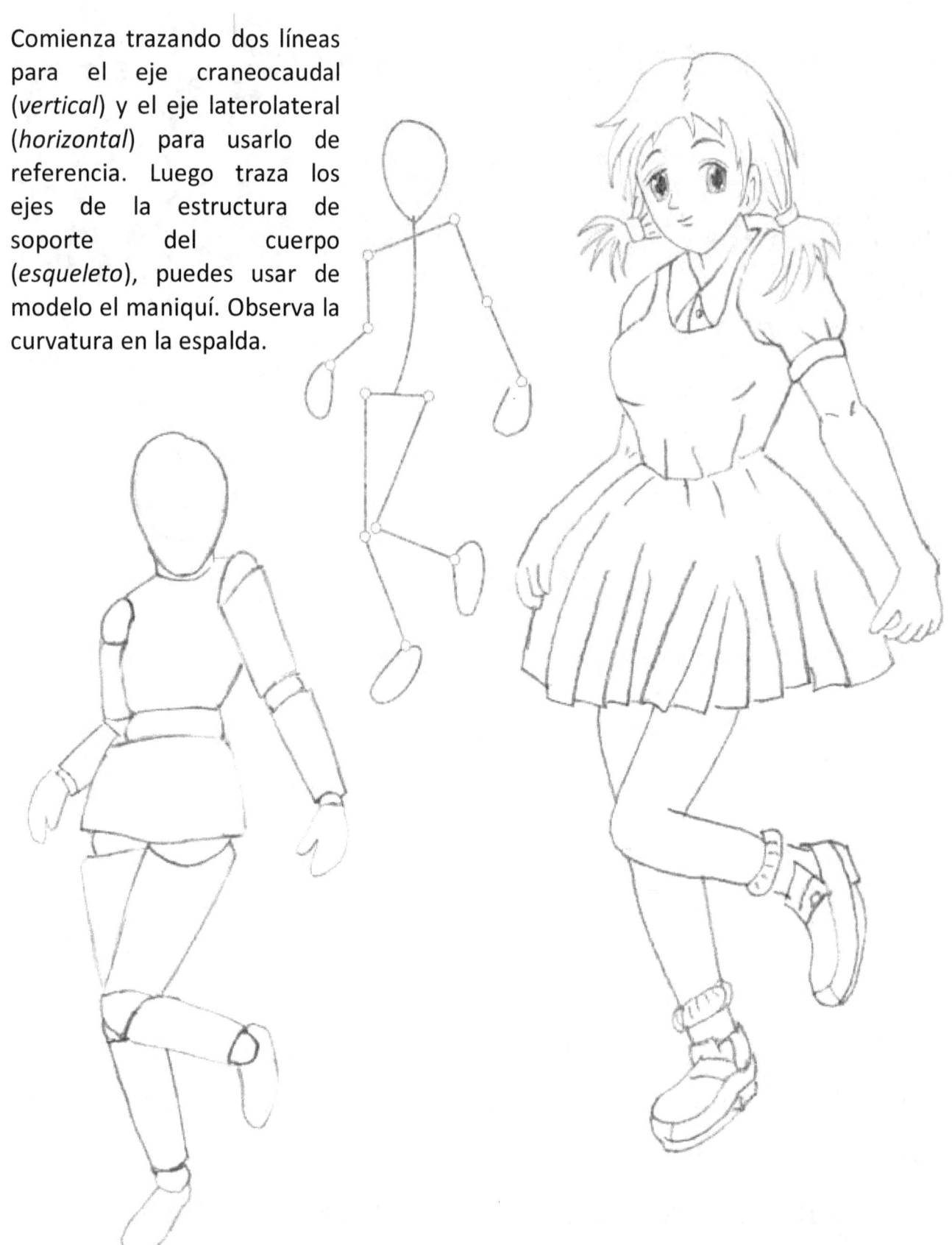

Observa como el giro sobre la pierna derecha hace que el pelo y la falda se levanten.

La figura describe una pose en forma de letra [S], la cabeza hacia atrás, el torso hacia delante y las caderas hacia atrás descansando el peso mayor en la pierna izquierda.

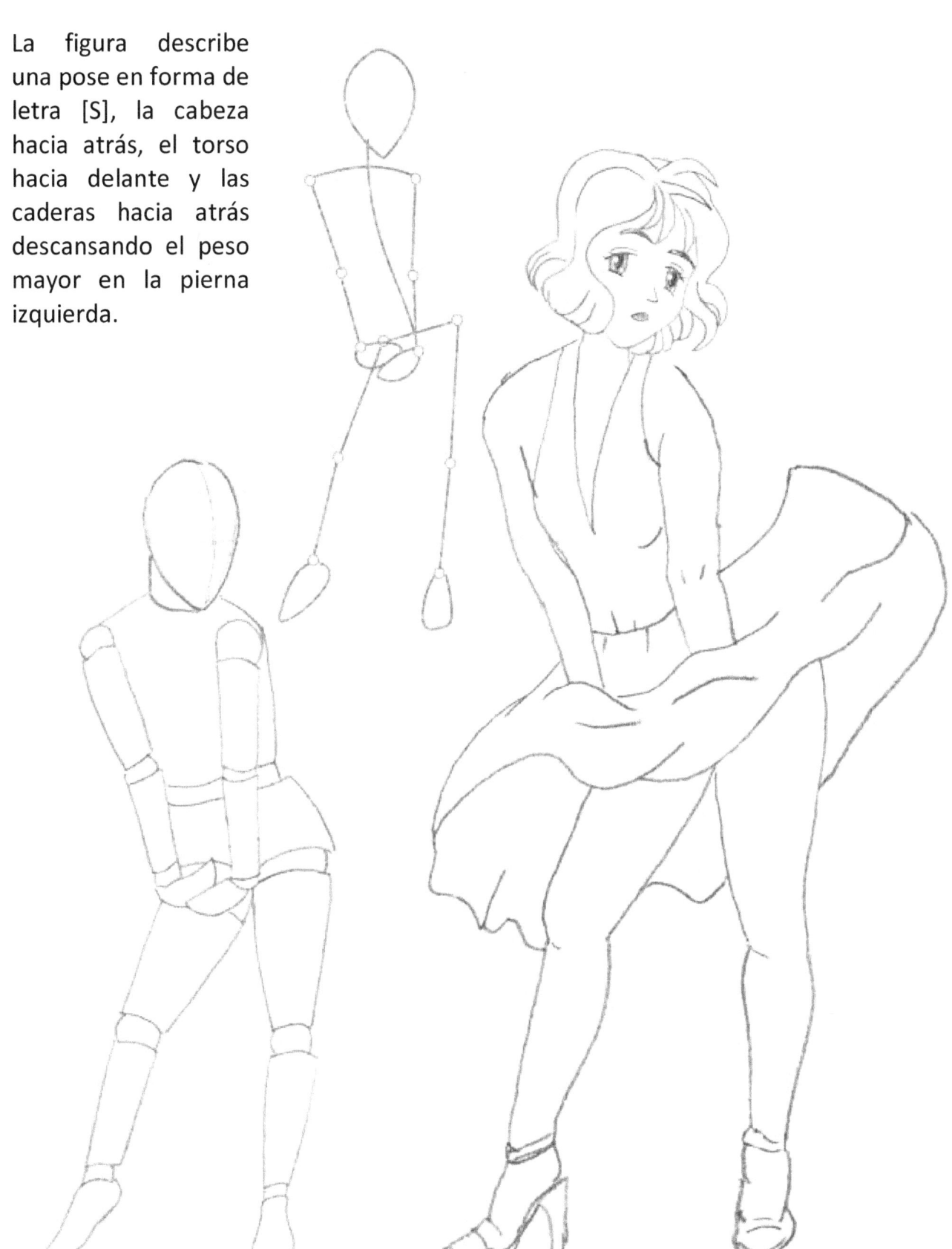

Observa cómo se inclina el pecho en un movimiento de flexión hacia delante en el plano sagital.

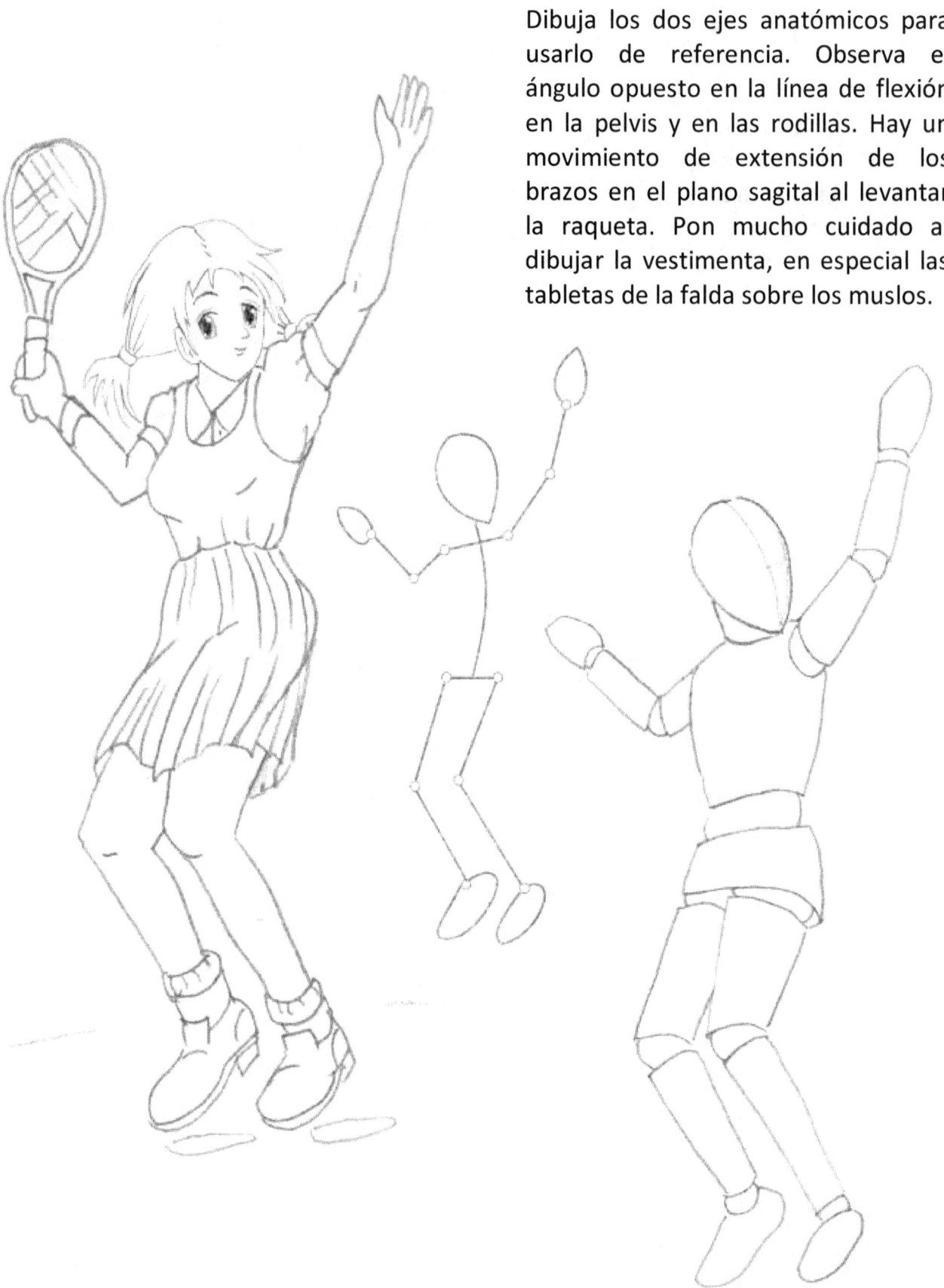

Dibuja los dos ejes anatómicos para usarlo de referencia. Observa el ángulo opuesto en la línea de flexión en la pelvis y en las rodillas. Hay un movimiento de extensión de los brazos en el plano sagital al levantar la raqueta. Pon mucho cuidado al dibujar la vestimenta, en especial las tabletas de la falda sobre los muslos.

Prestar atención de cómo es el movimiento de las articulaciones en ambas piernas al saltar.

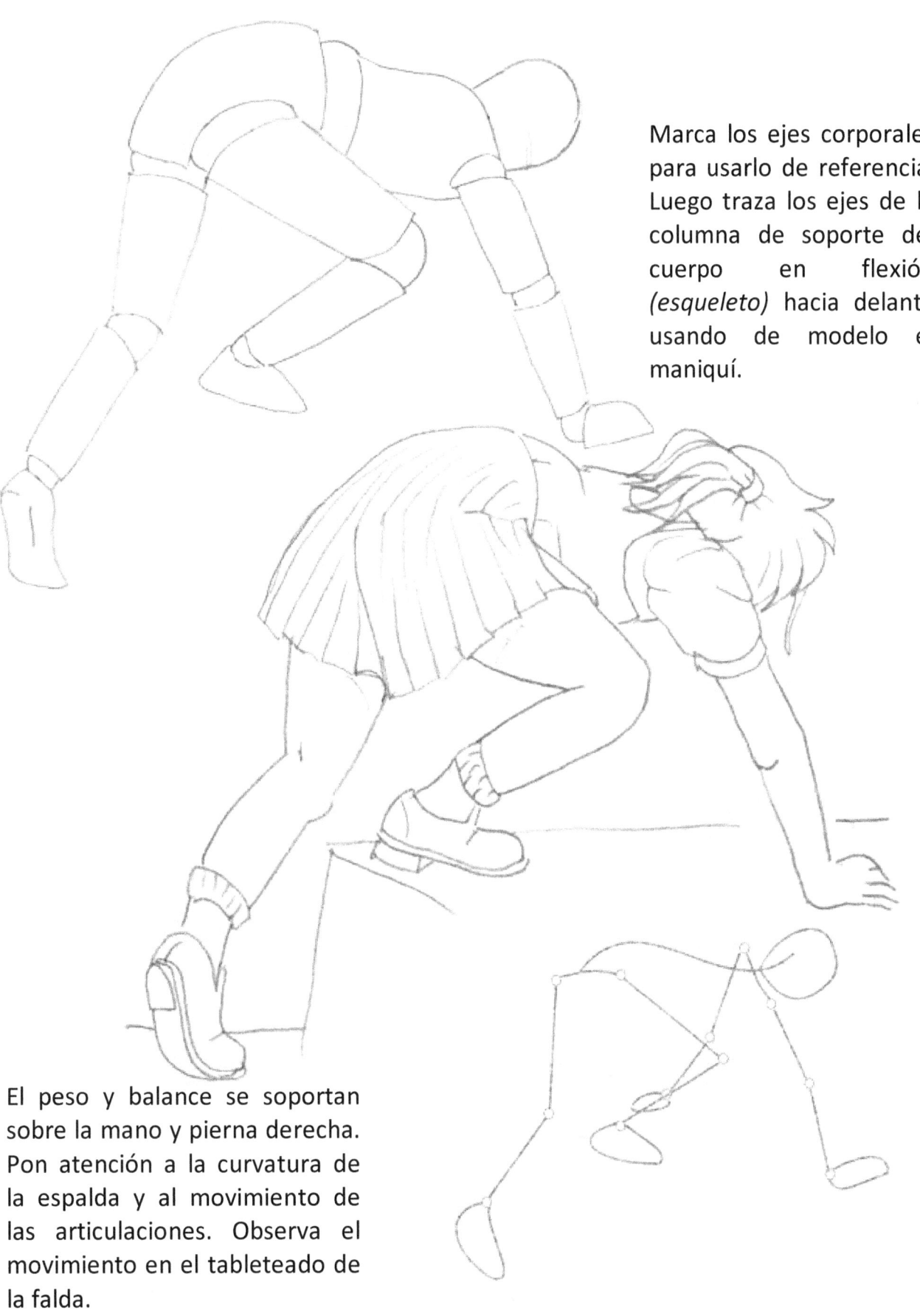

Marca los ejes corporales para usarlo de referencia. Luego traza los ejes de la columna de soporte del cuerpo en flexión *(esqueleto)* hacia delante usando de modelo el maniquí.

El peso y balance se soportan sobre la mano y pierna derecha. Pon atención a la curvatura de la espalda y al movimiento de las articulaciones. Observa el movimiento en el tableteado de la falda.

Dibuja el eje vertical anteroposterior inclinado en ángulo hacia delante. Luego traza los ejes corporales de los brazos y las piernas usando de modelo el maniquí. Mira cómo se arquea la espalda y se inclinan los ejes de los hombros y las caderas. Las líneas en la vestimenta deben reflejar la tensión muscular.

Observa como al correr los brazos se balancean a cada paso en sentido opuesto al movimiento de las piernas como cuando caminamos.

Dibuja el eje vertical anteroposterior en un ligero ángulo hacia delante. Luego traza los ejes corporales de los brazos y las piernas usando de modelo el maniquí.

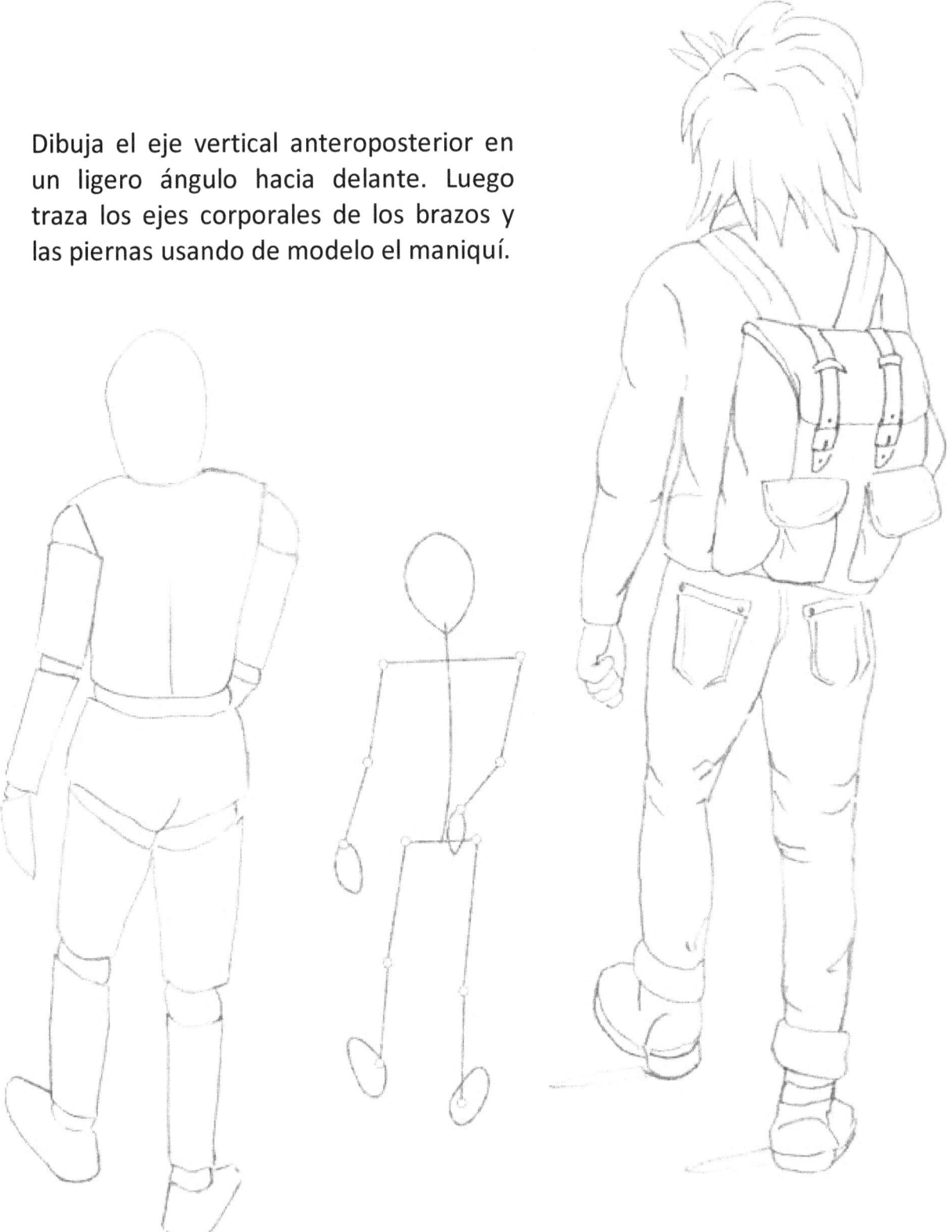

Observa como al caminar los brazos se balancean a cada paso en sentido opuesto al movimiento de las piernas.

La pose es en tensión, inclinada hacia adelante en el plano sagital, observa el grado de flexión en la espalda. La cabeza está inclinada sobre los brazos que están posados cruzados en las rodillas.

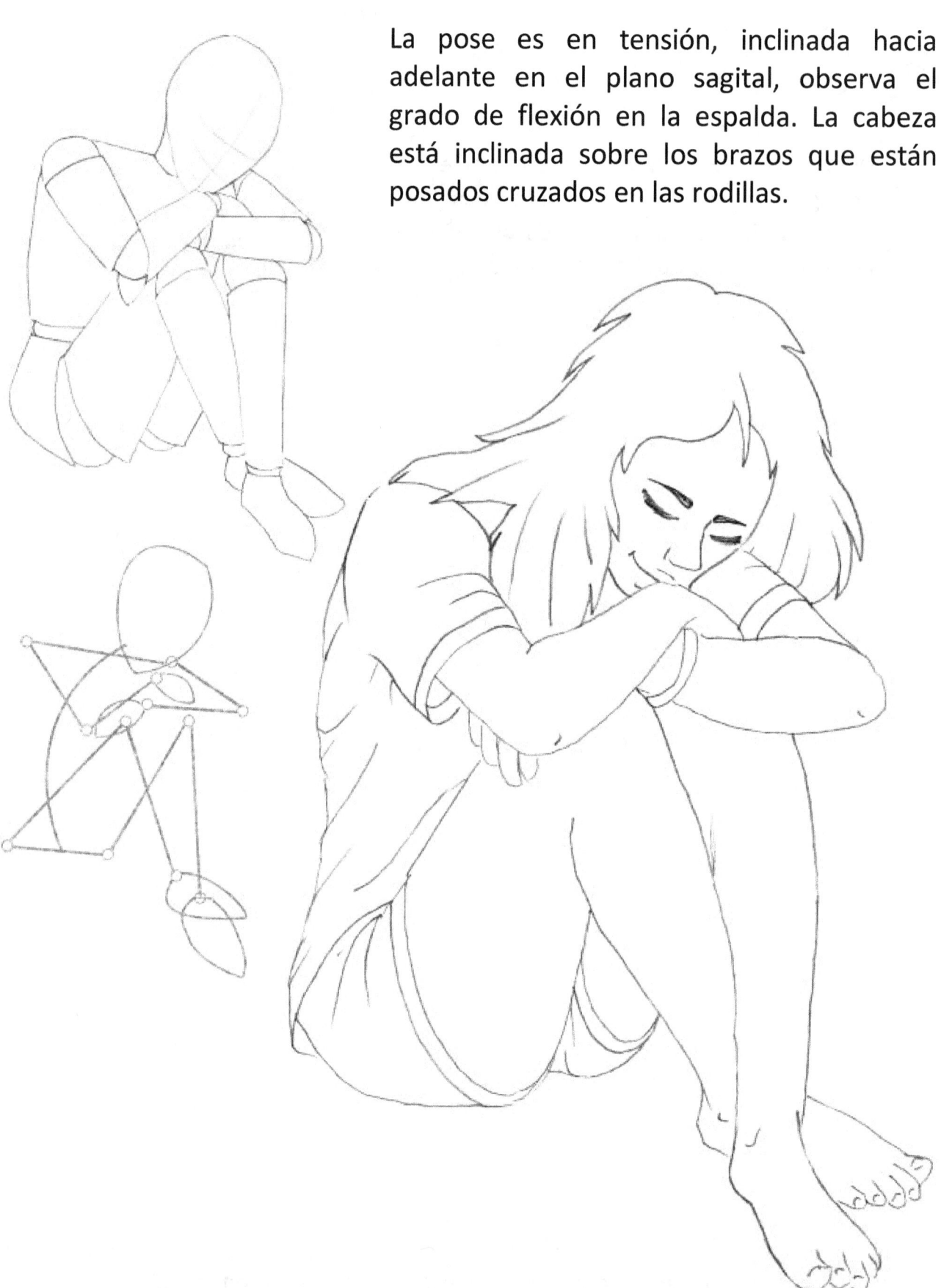

La chica está descalza con sus pies cruzados en una pose relajada.

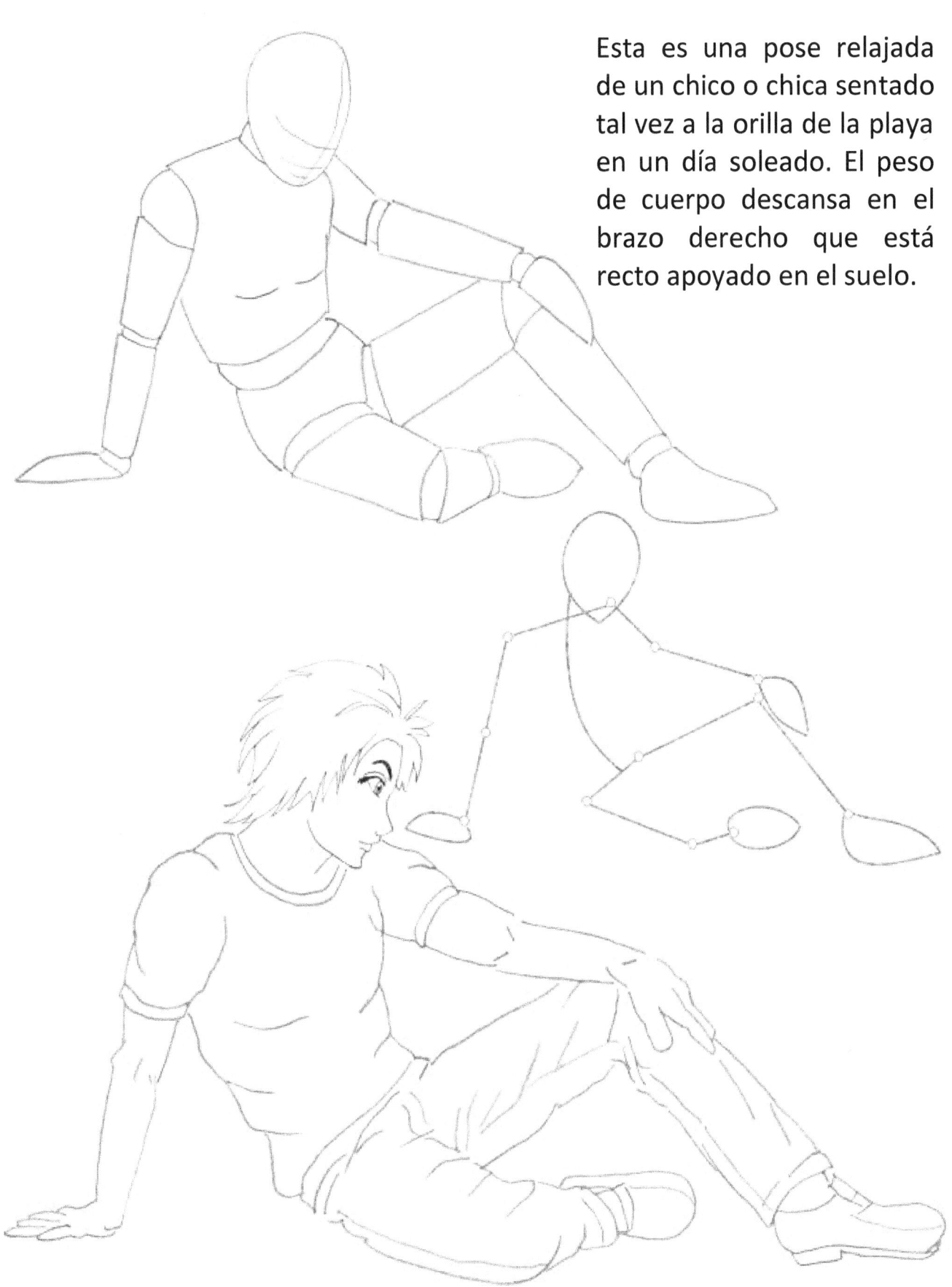

Esta es una pose relajada de un chico o chica sentado tal vez a la orilla de la playa en un día soleado. El peso de cuerpo descansa en el brazo derecho que está recto apoyado en el suelo.

Observa bien la curvatura de la espalda y la posición de las articulaciones.

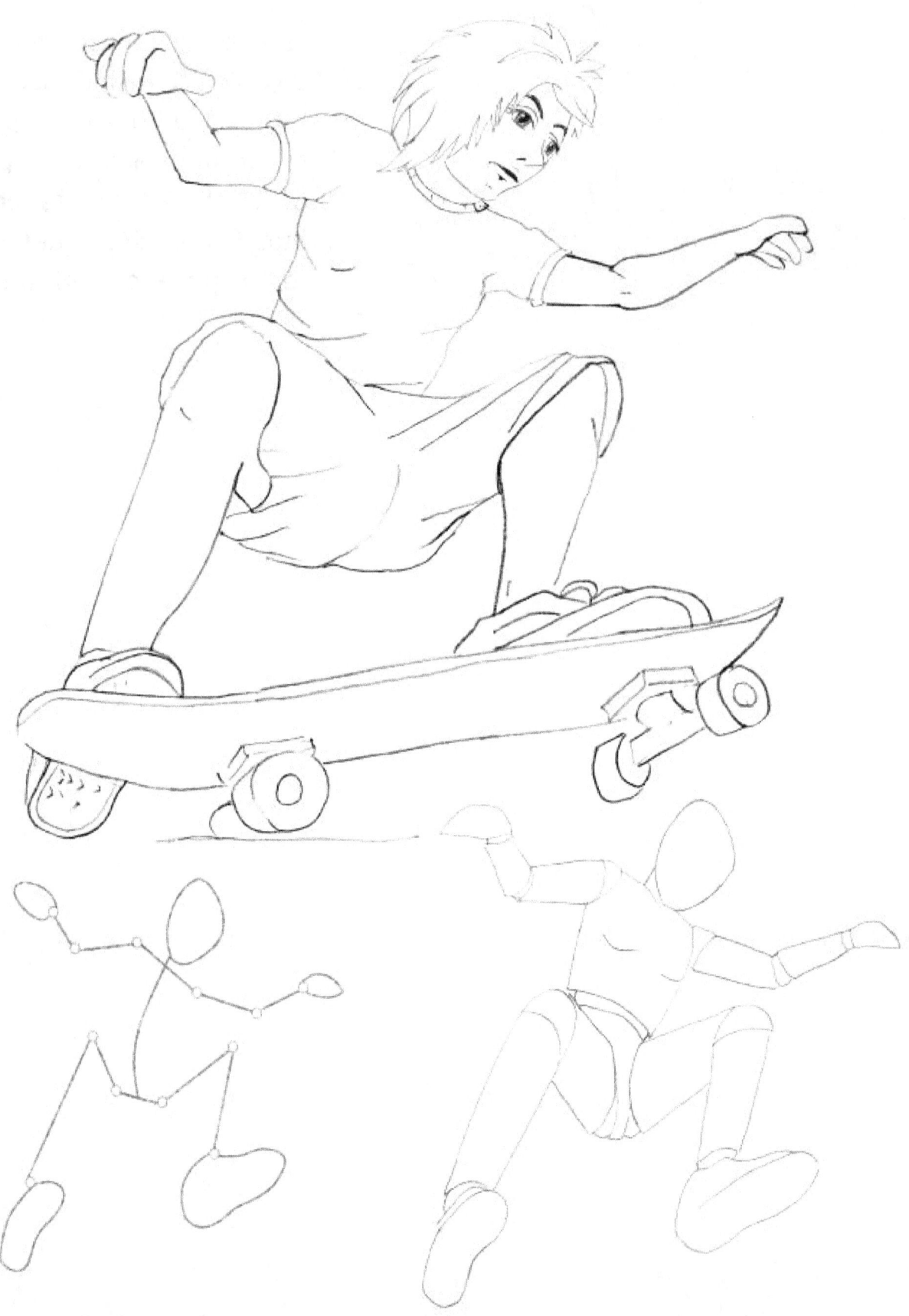

Observa el efecto de la perspectiva en la proporción de las piernas con el resto del cuerpo, las hace lucir de mayor tamaño.

Dibujos para Practicar

En las páginas anteriores aprendiste a identificar las estructuras anatómicas básicas en las expresiones y movimientos del cuerpo humano, ahora dibujaremos algunos ejemplos que muestren poses en acción y poses de movimiento implícito en tus personajes manga y anime. Las expresiones y la postura se reflejan en la disposición de la curva de la espalda y en la forma en que se dibujan las extremidades. Los brazos, el torso, las manos y la expresión en el rostro se dibujan con estas alteraciones para mostrar el estado de ánimo y la acción.

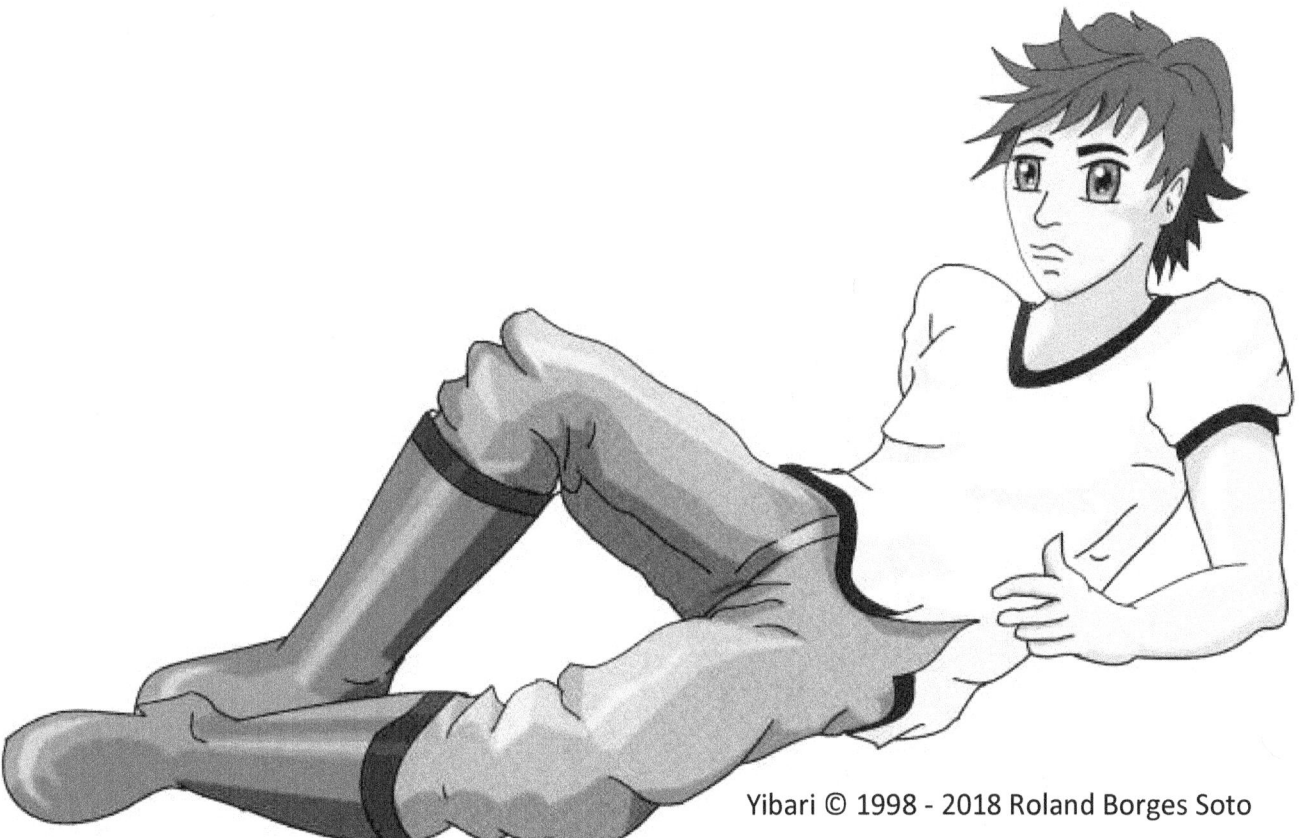

Yibari © 1998 - 2018 Roland Borges Soto

Presta atención en la línea que va desde el cuello hasta las caderas, observa como se acentúa la curvatura para expresar movimiento. Un movimiento o

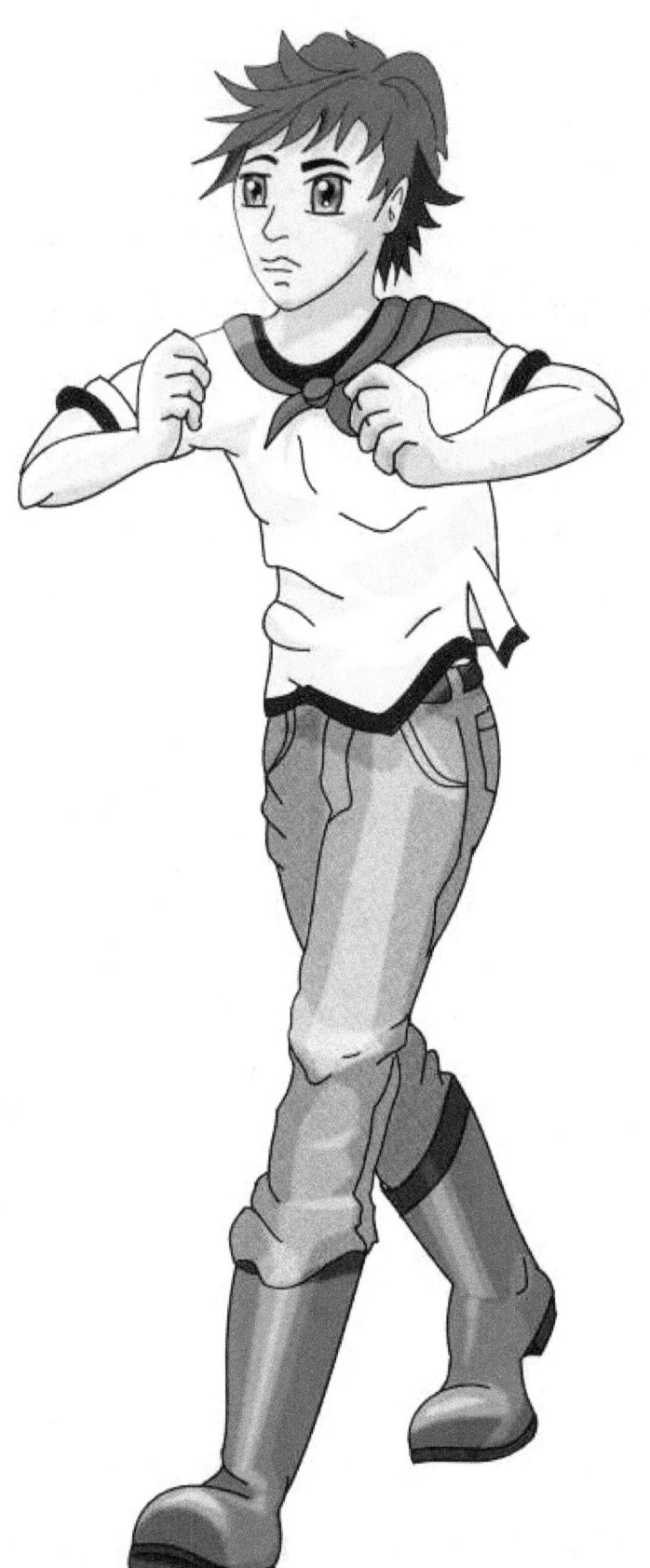

acción que implique fuerza es muy diferente a cuando los músculos y el cuerpo están relajados. El rostro también adquiere una expresión muy distinta estando el cuerpo en tención o relajamiento. Ya hemos estudiado como dibujar algunas poses y movimientos más comunes. Recuerda que dibujar los ejes corporales te facilitará el comienzo de tus bocetos, más la ayuda del hombre de madera.

A continuación puedes estudiar y copiar estos dibujos como práctica o usarlos de referencia para crear tus propios dibujos manga y anime.

Yibari © 1998 - 2018 Roland Borges Soto

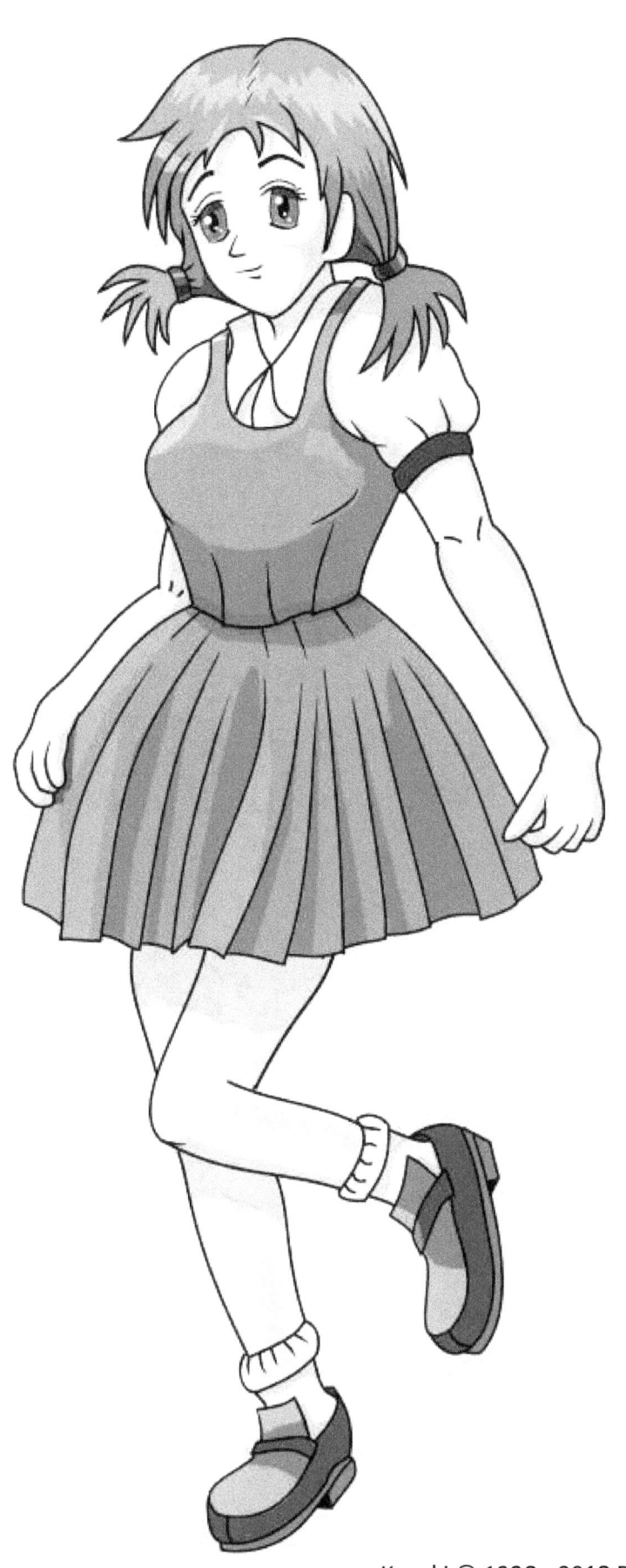

Kasuki © 1998 - 2018 Roland Borges Soto

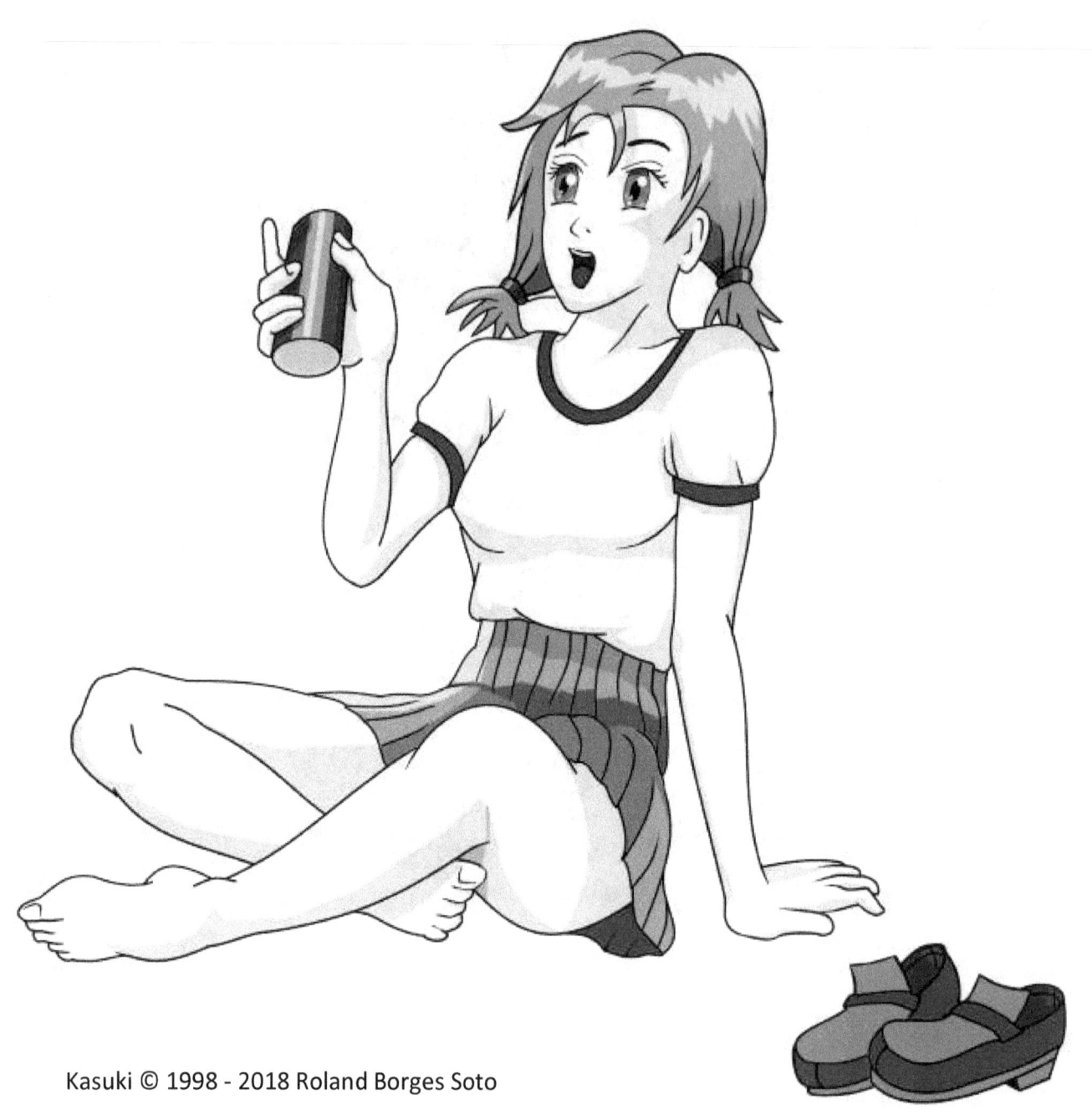

Kasuki © 1998 - 2018 Roland Borges Soto

Todos queremos dibujar bien, la regla principal para ello es aprender a mirar el modelo y ver como se disponen sus líneas y sus formas. Cada personaje tiene unas características particulares que tienes que observar como la pollina de Kusuki, sus trenzas y la forma de sus ojos. Luego su postura es muy importante para completar la expresión y sus gestos.

Muchos animes y mangas se dibujan con estilos diferentes, los géneros más comunes son el shojo y el shonen. Puedes imitar los estilos de los artistas clásicos o puedes optar por usar el tuyo propio.

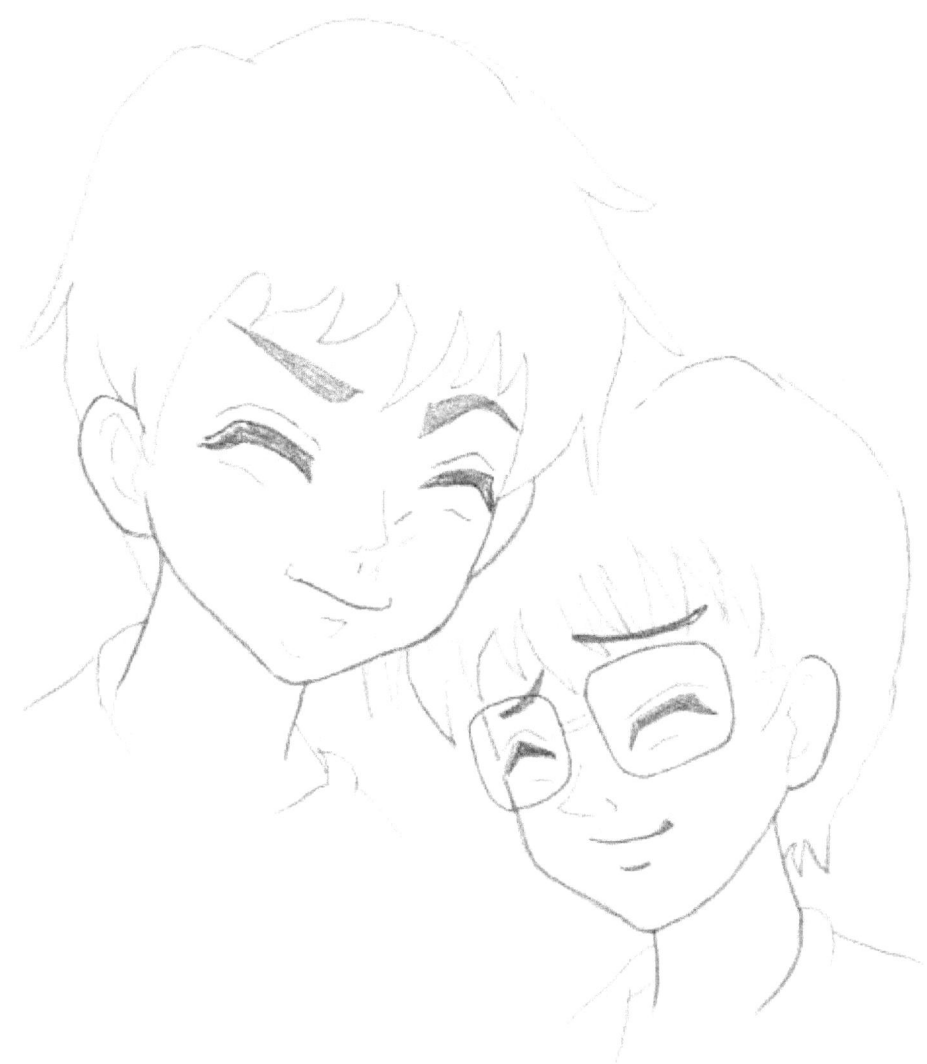

Los personajes protagonistas normalmente se dibuja con ojos grandes y con rostros apacibles mientras los de apariencia adversa se dibujan con ojos pequeños y sesgados. Dibuja tus personajes una y otra vez en situaciones distintas y de distintos ángulos para familiarizarte con ellos. Inspírate en la vida real y estudia la anatomía humana. Aquí te muestro algunos de mis dibujos favoritos Narue Boj y Gregok Yan.

Te presento a Narue Boj un personaje inspirado en mi hija Mónica, observa las diferentes expresiones faciales y determina que emoción se representa.

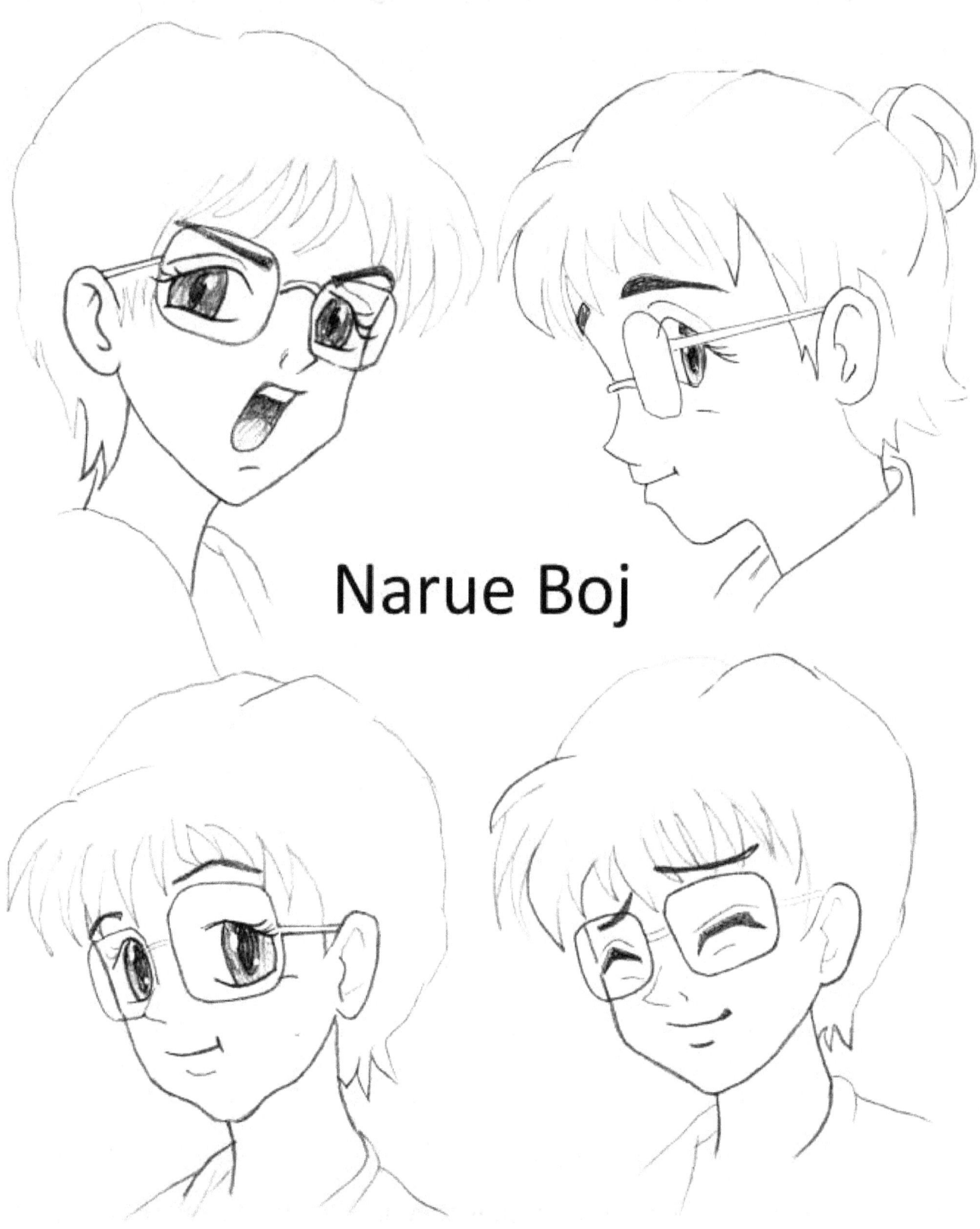

Narue Boj

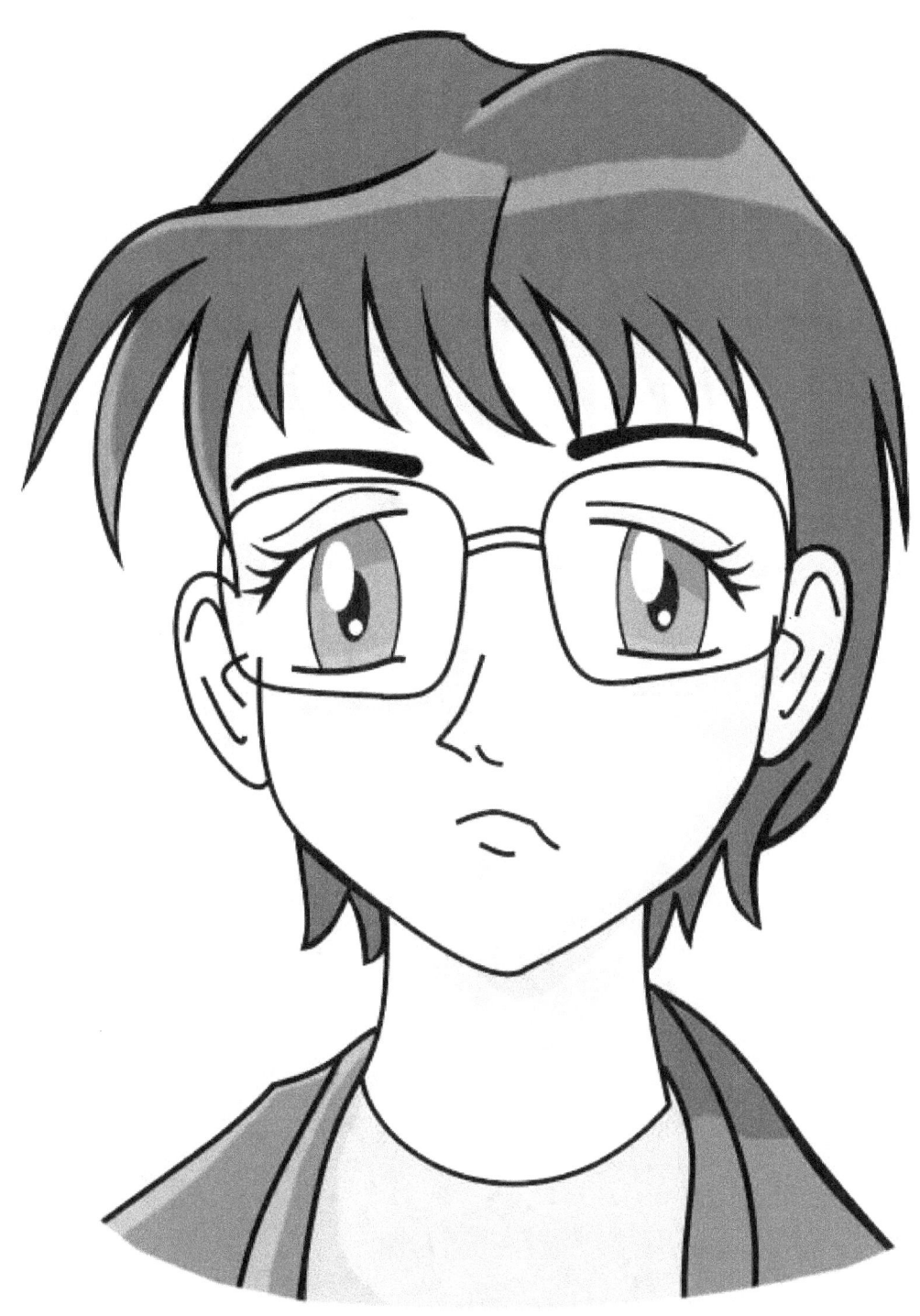

Este es Zasko un personaje de mi imaginación, observa las diferentes expresiones faciales y determina que emoción se representa.

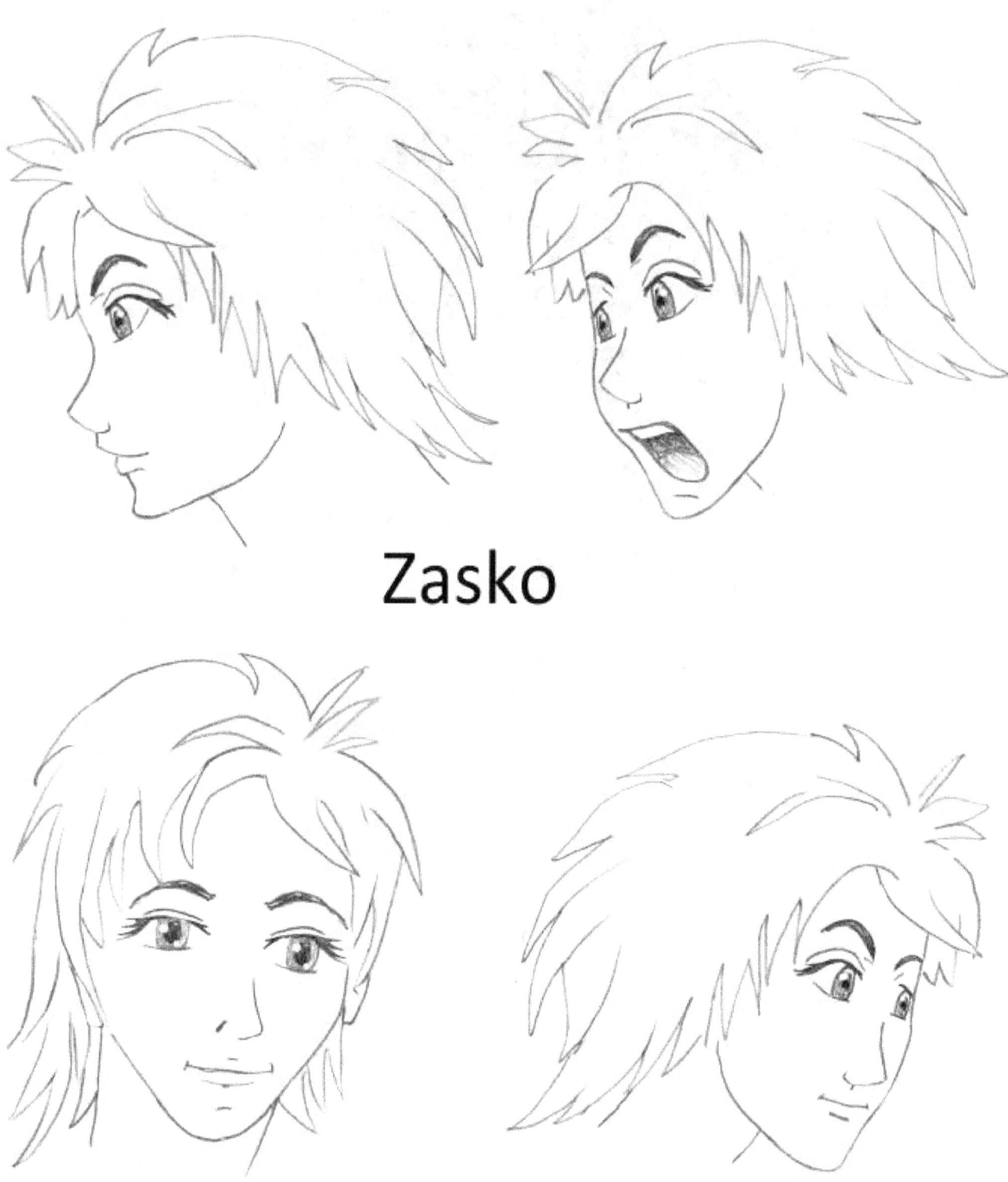

Zasko

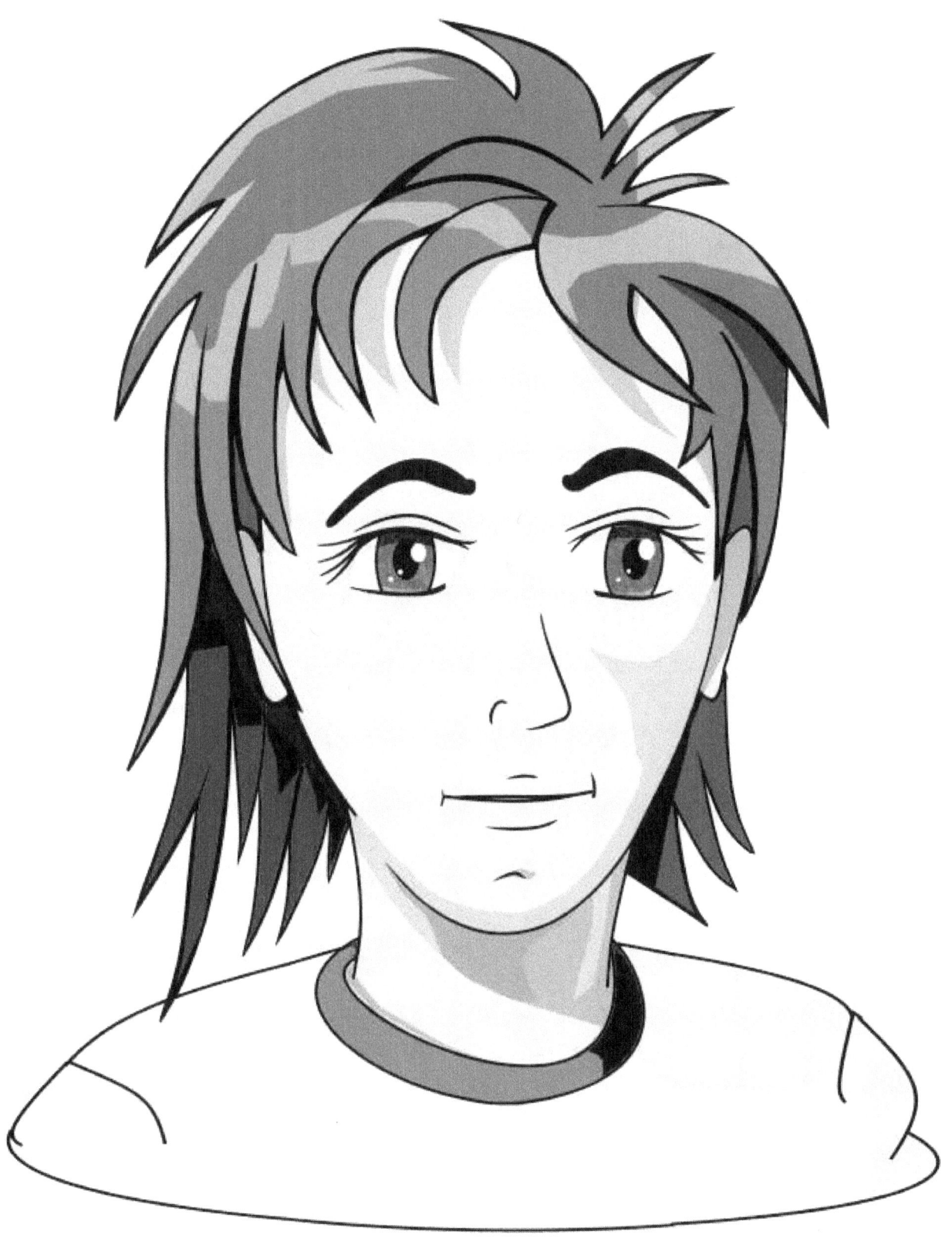

Atzuko un estudiante de primaria fanático del "Baseball", observa las diferentes expresiones faciales y determina que emoción se representa.

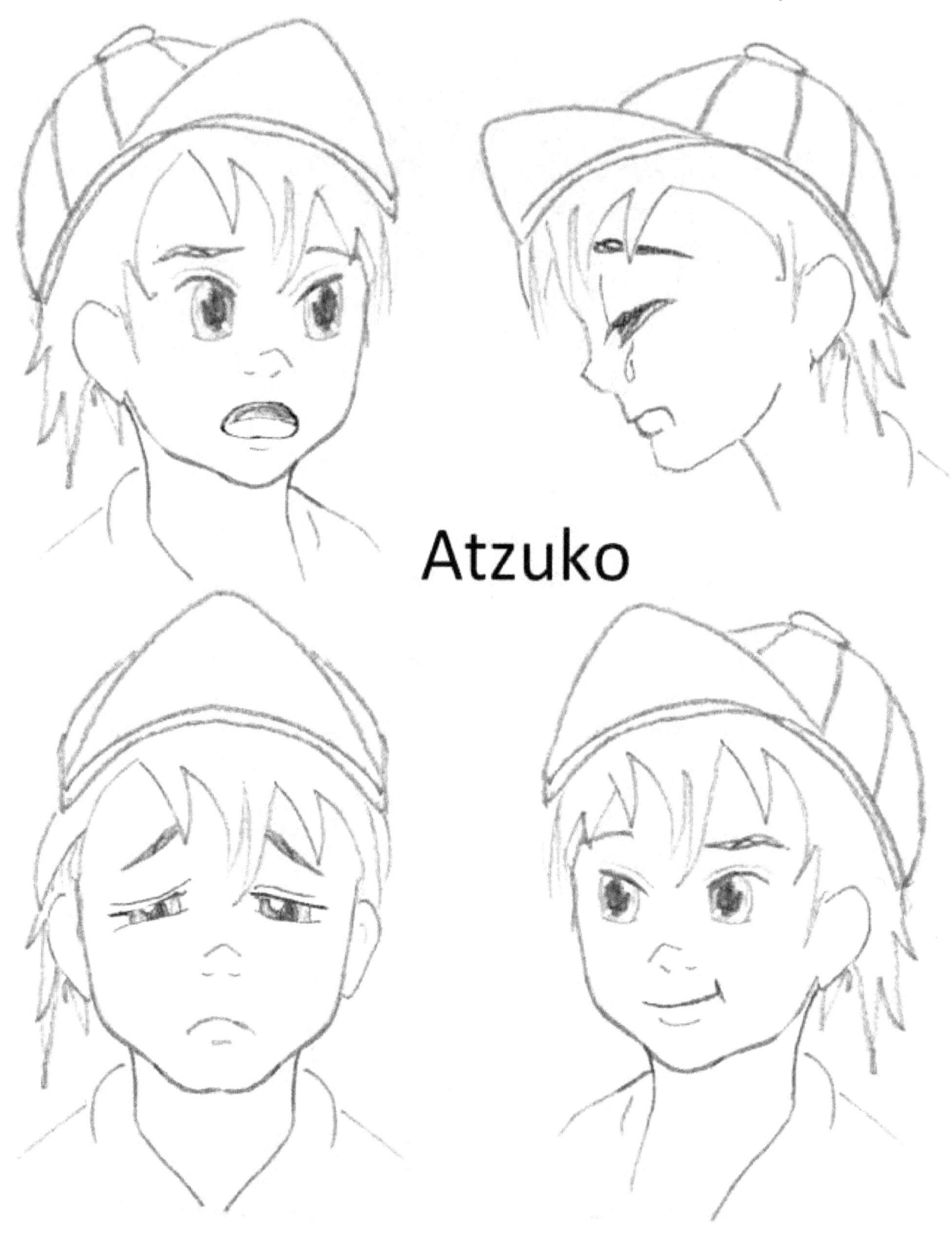

Atzuko

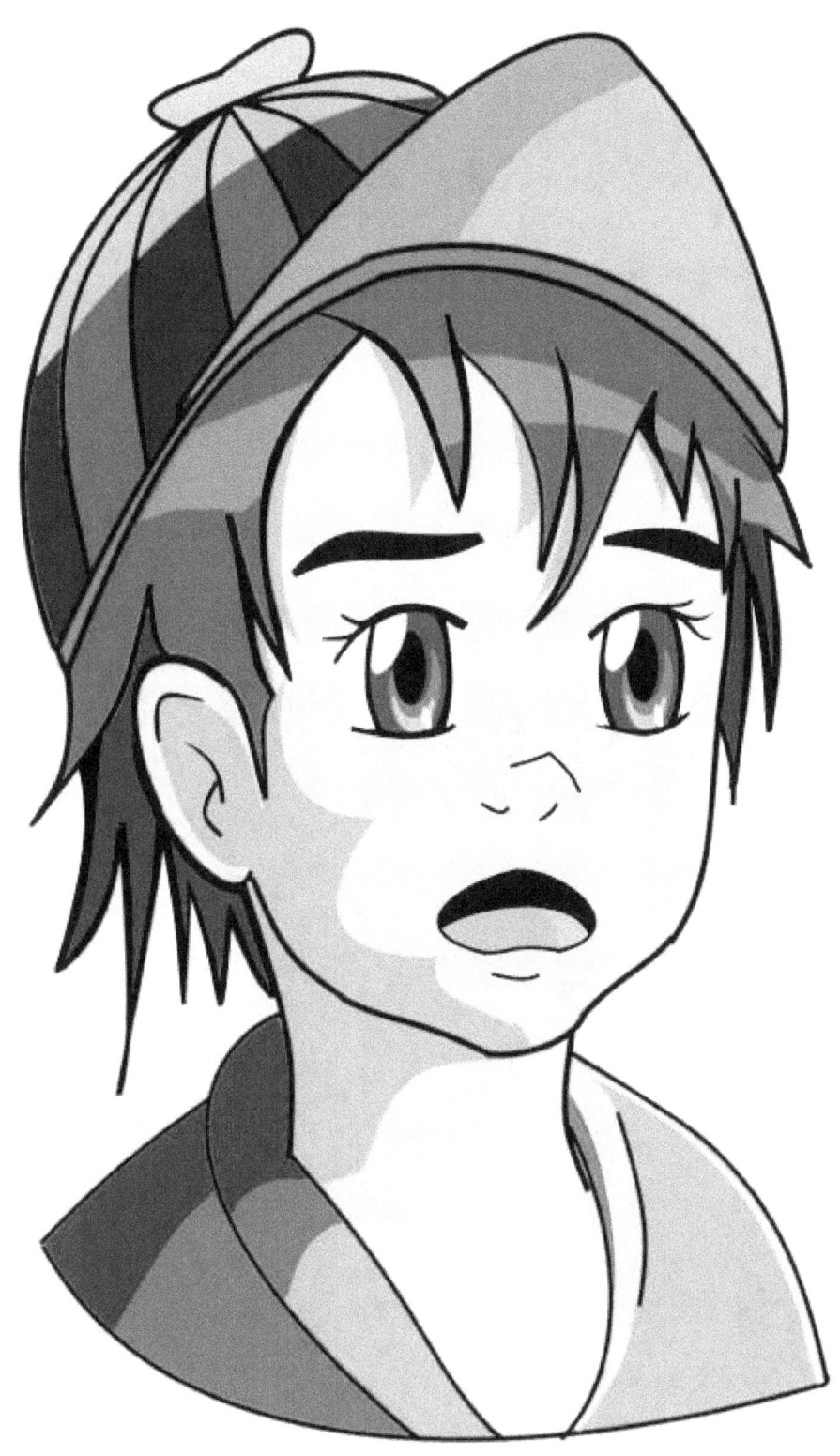

Gregok Yan es un personaje imaginario, observa las diferentes expresiones faciales y determina que emoción se representa.

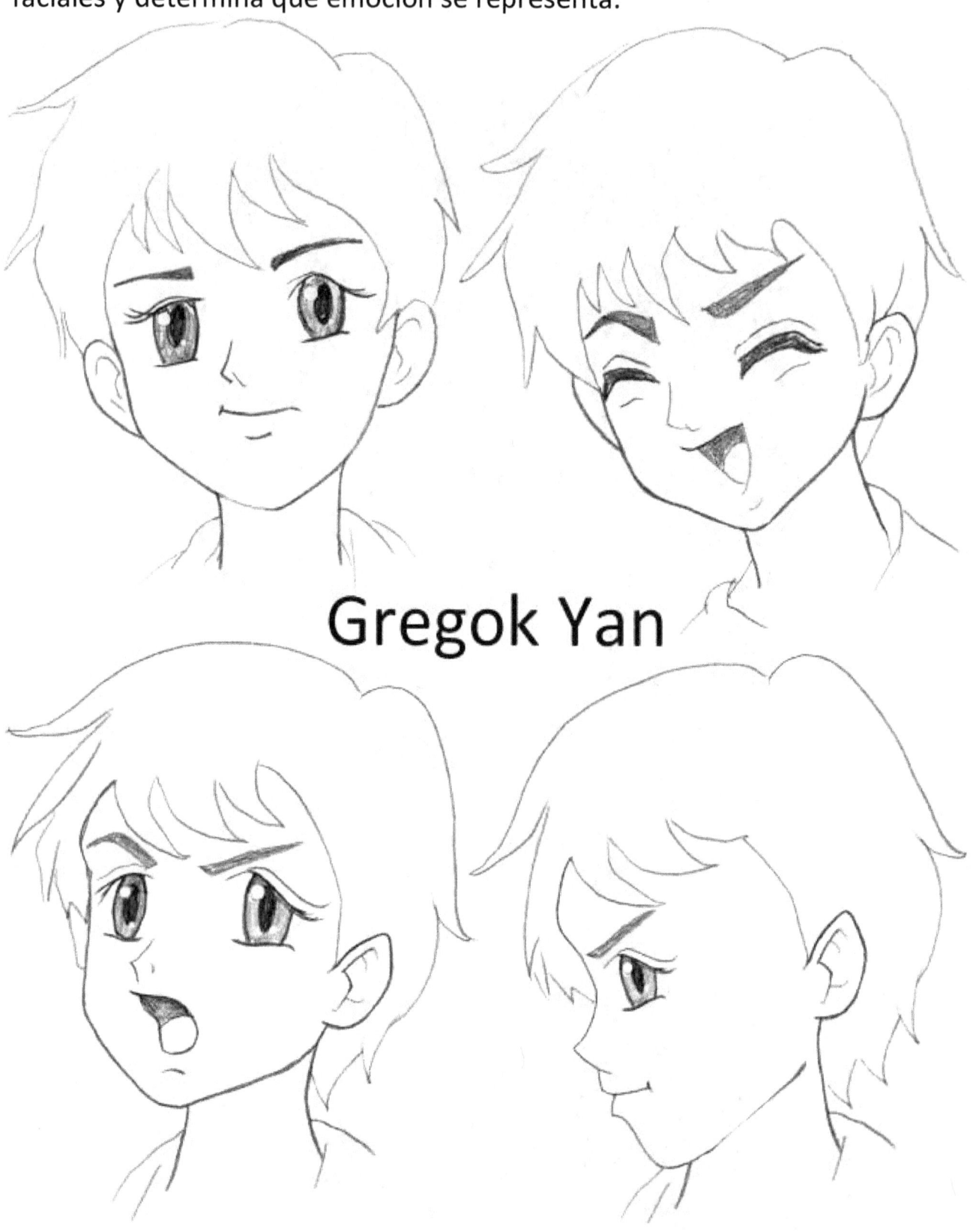

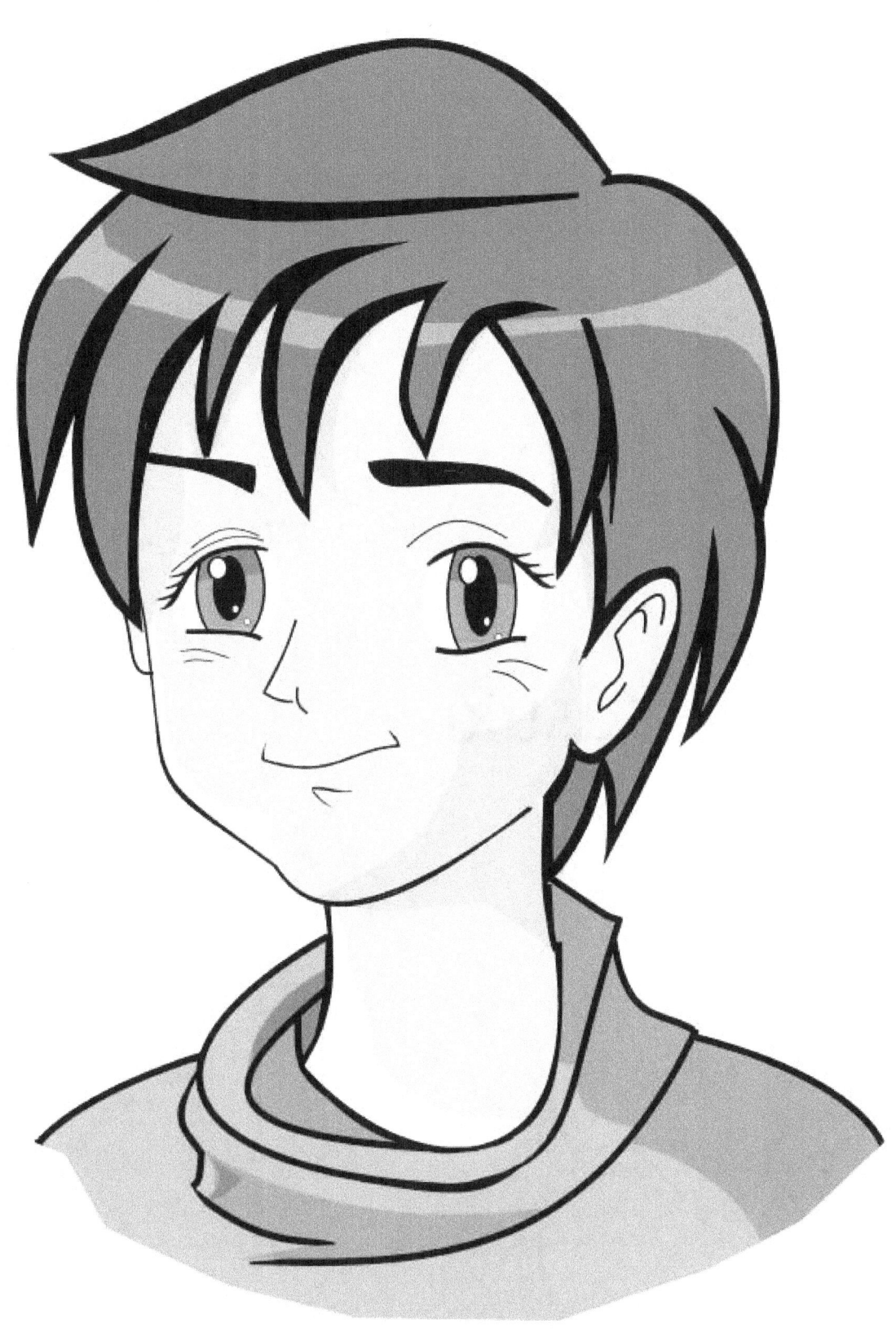

Kasuki es un personaje imaginario, una chica de considerable simpleza, alegre y sencilla.

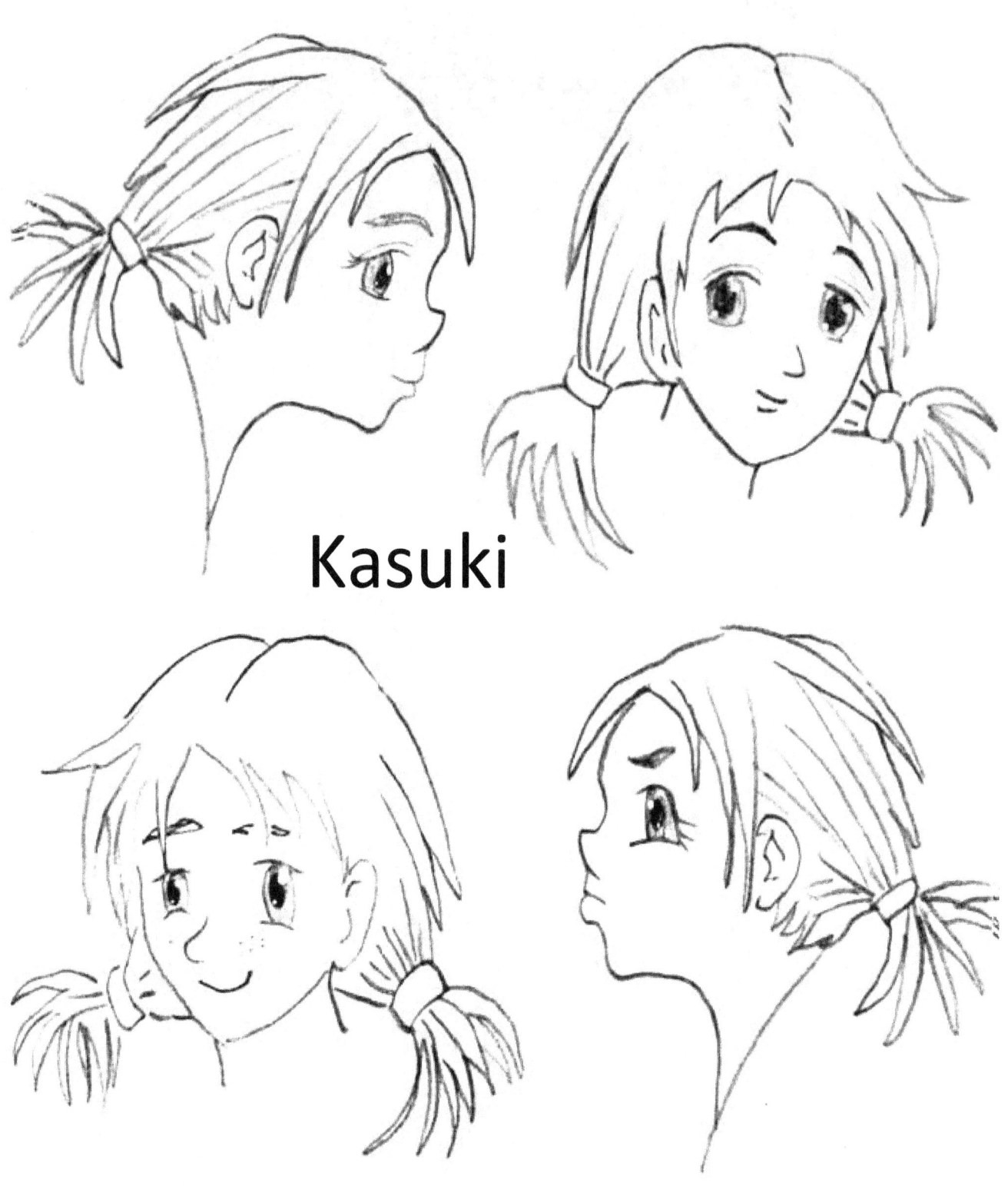

Kasuki

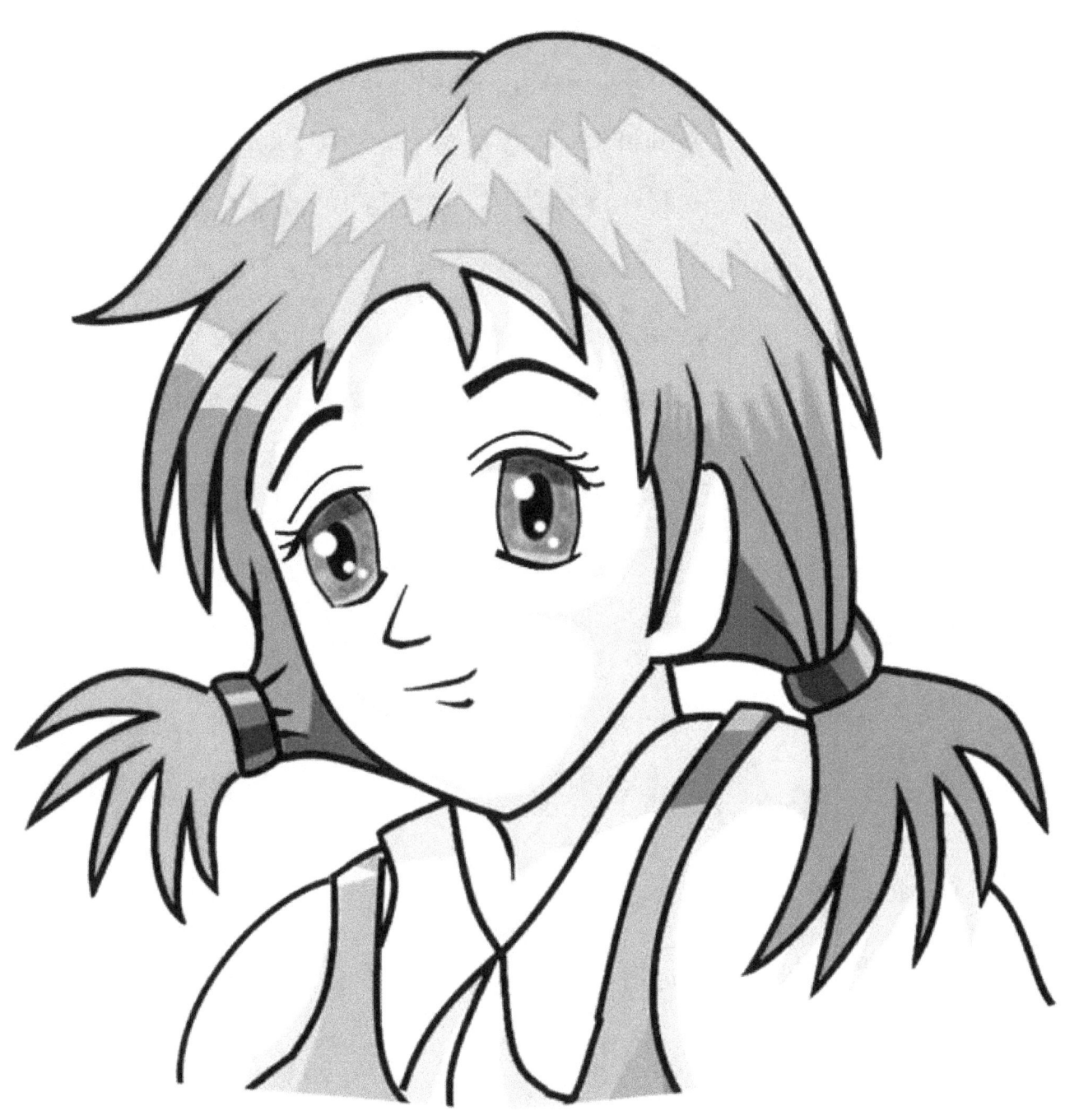

Crea tus propios Personajes

Planifica primero la personalidad de tu personaje y luego las características físicas. ¿Cómo se comporta? Si tiene buenos modales, es esforzado, bravucón, estudioso, vago, etcétera. Comienza con las expresiones faciales y determina los rasgos característicos que lo diferencien de otros personajes, como forma de los ojos, la boca y accesorios como zapatos, pañuelos, bandanas, gafas, sombreros etcétera. Observa el ejemplo paso a paso de como dibujar a "Yibarín" un anime criollo que te muestro en la próxima página. Les pongo nombres que suenen al estilo japonés "jibarin".

1 Dibuja un círculo para el cráneo.

2 Añade en forma de "V" la línea para la mandíbula, marca la línea del cuello y los hombros.

3 Traza suavemente las líneas guías para ubicar las partes del rostro.

4 Dibuja los ojos, la nariz y la boca.

5 Añade las cejas y borra las líneas guías.

6 Dibuja el estilo de cabello que caracterice tu personaje.

7 Añade alguna vestimenta, en este caso la camisa y un pañuelo.

8 Como accesorio mi personaje usa sombrero *(pava)*.

9 Establece valores de negro, gris y blanco para terminar el dibujo.

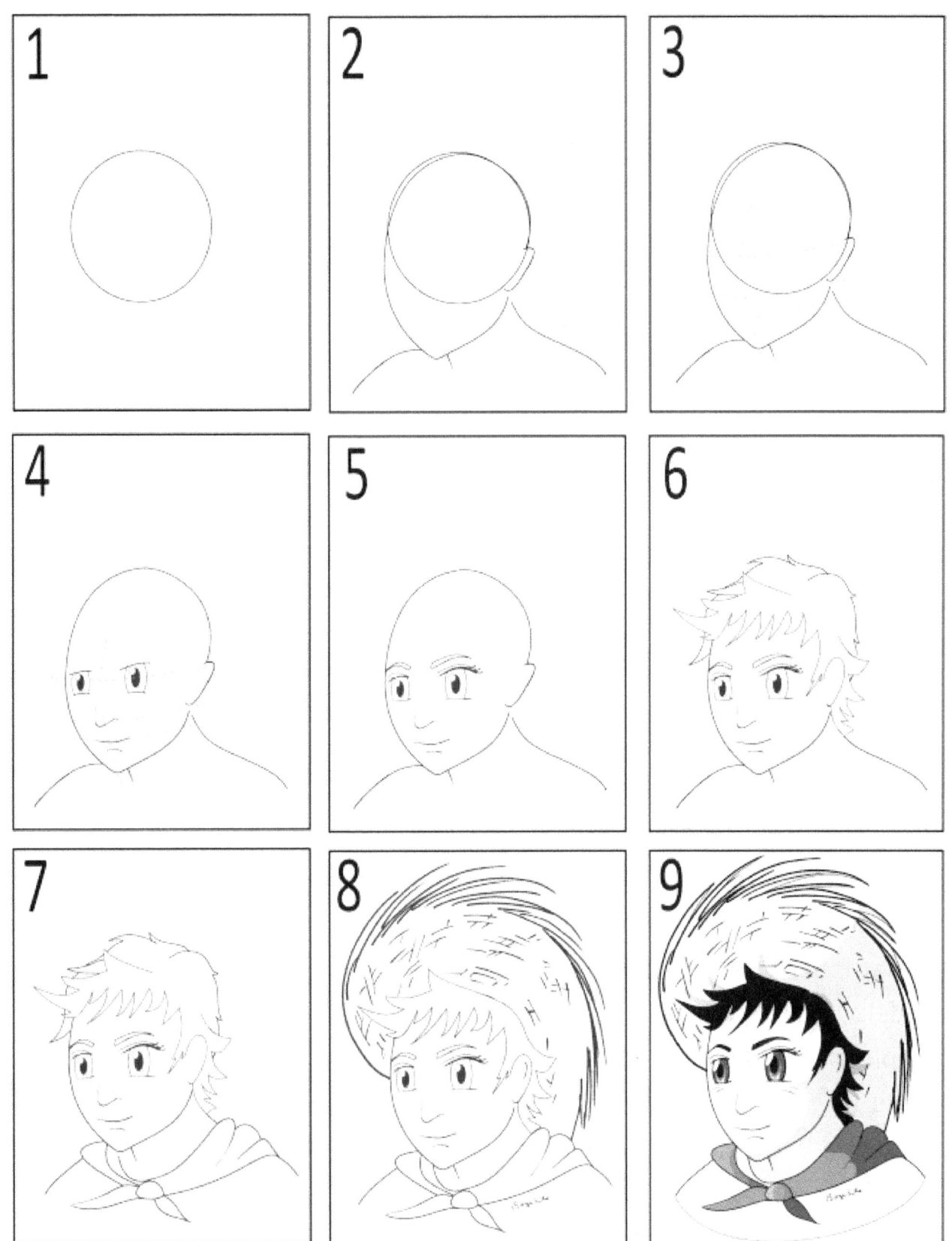

Yibarín © 1998 -2018 Roland Borges Soto

Desarrolla una Pequeña Historia

Estas son algunas ideas para que comiences a desarrollar la personalidad y las aventuras con tus dibujos manga y anime.

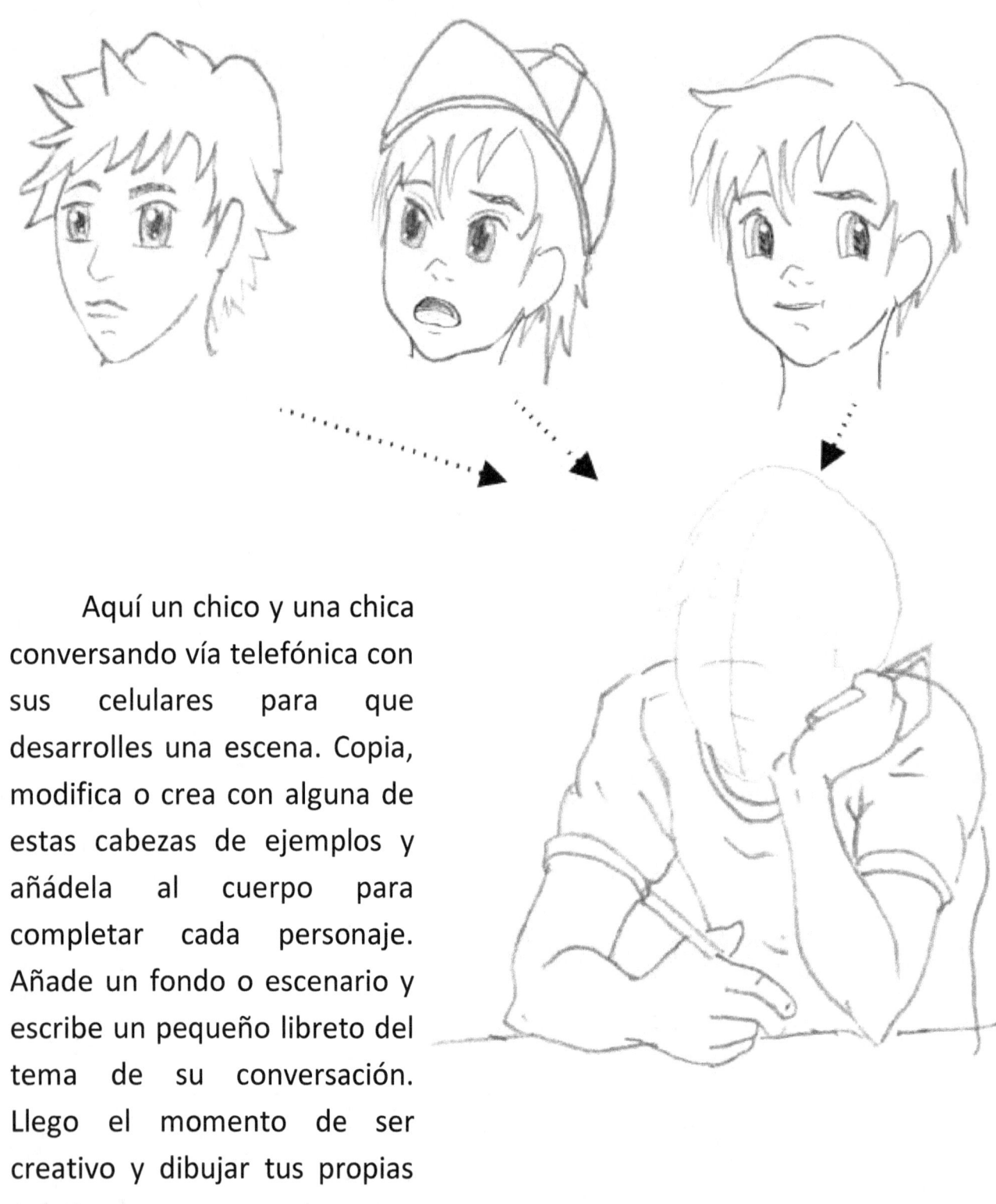

Aquí un chico y una chica conversando vía telefónica con sus celulares para que desarrolles una escena. Copia, modifica o crea con alguna de estas cabezas de ejemplos y añádela al cuerpo para completar cada personaje. Añade un fondo o escenario y escribe un pequeño libreto del tema de su conversación. Llego el momento de ser creativo y dibujar tus propias aventuras.

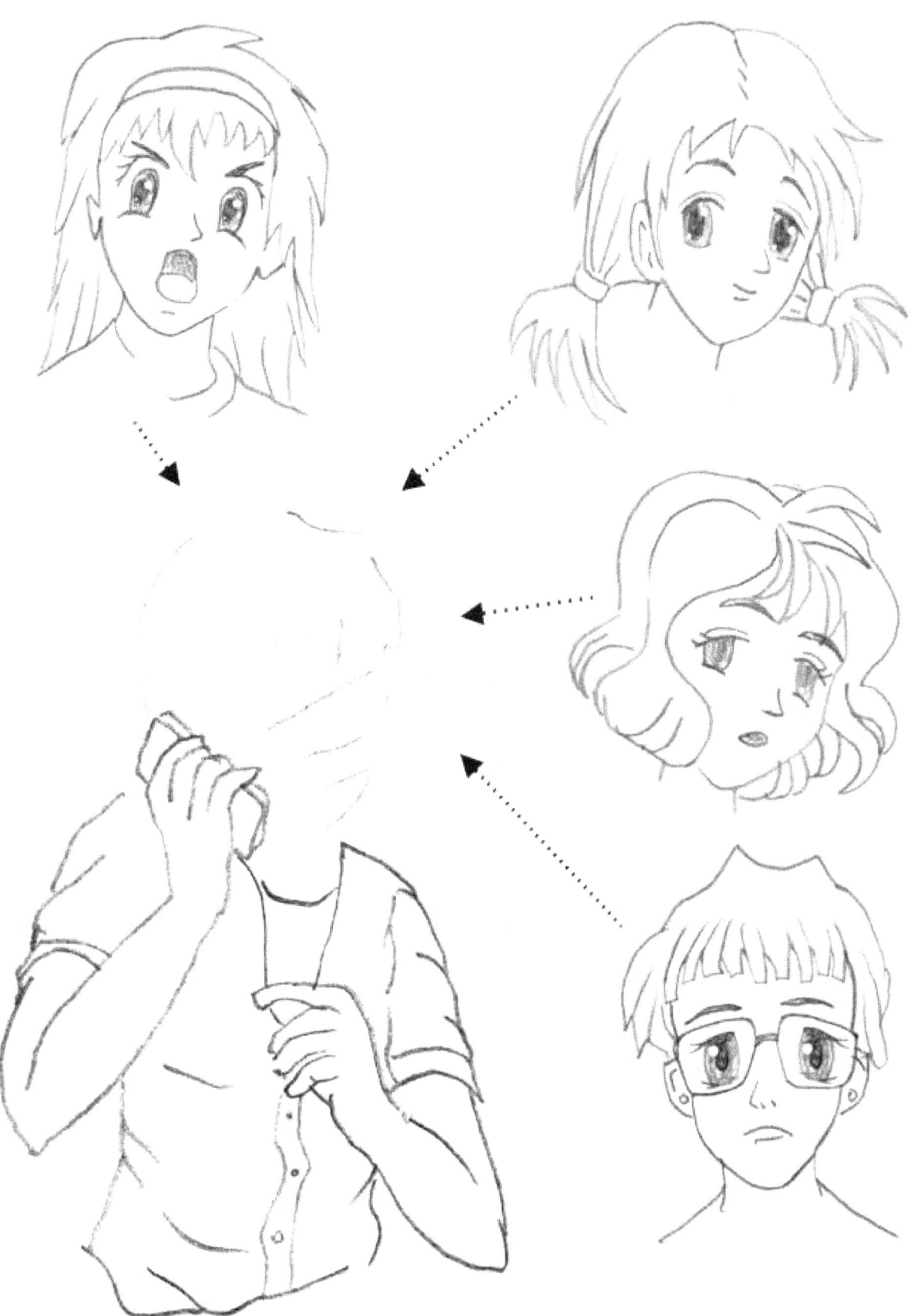

Dibuja diferentes expresiones de los rostros, repasa los grados de emoción que te muestro en las páginas 26 a la 31 de este libro.

Como nace un Personajes

Realiza tus dibujos animes y mangas inspirados en personas reales o inventadas. Aquí te muestro un dibujo realista de mi personaje Abdaci Ko un joven de pelo negro con una banda en el pelo. Compara las versiones en la página 9 y 18.

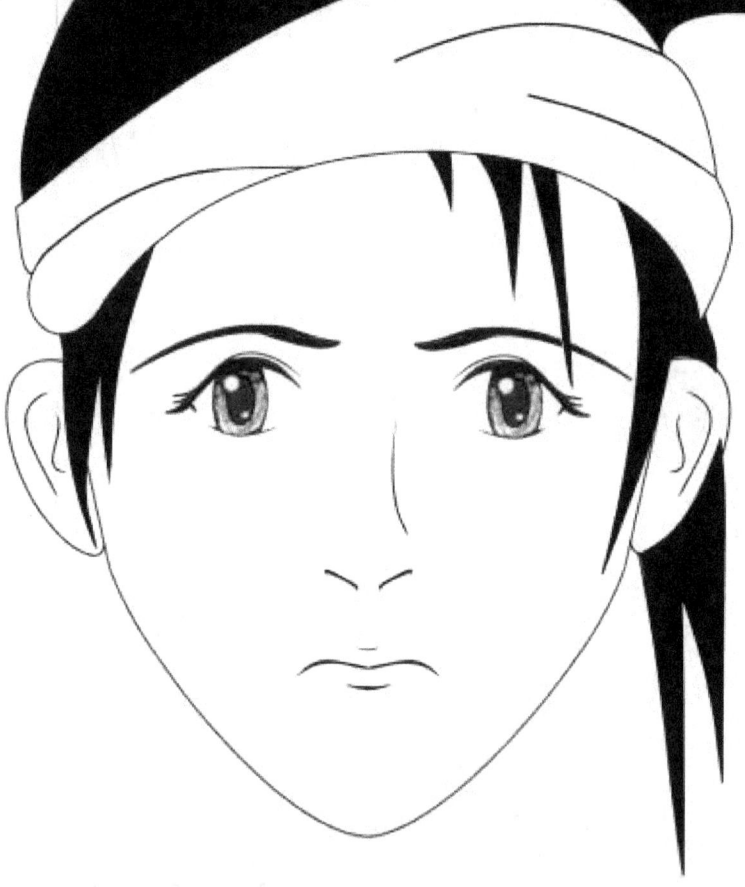

Simplifica las líneas del contorno del rostro. Experimenta dibujando los ojos de diferente forma y tamaño. No definas ni dibujes demasiado grande la nariz y la boca a menos que sea una expresión facial que lo requiera. Exagera el estilo del cabello.

Abdaci Ko © 1998 - 2018 Roland Borges Soto

Personajes Inventados

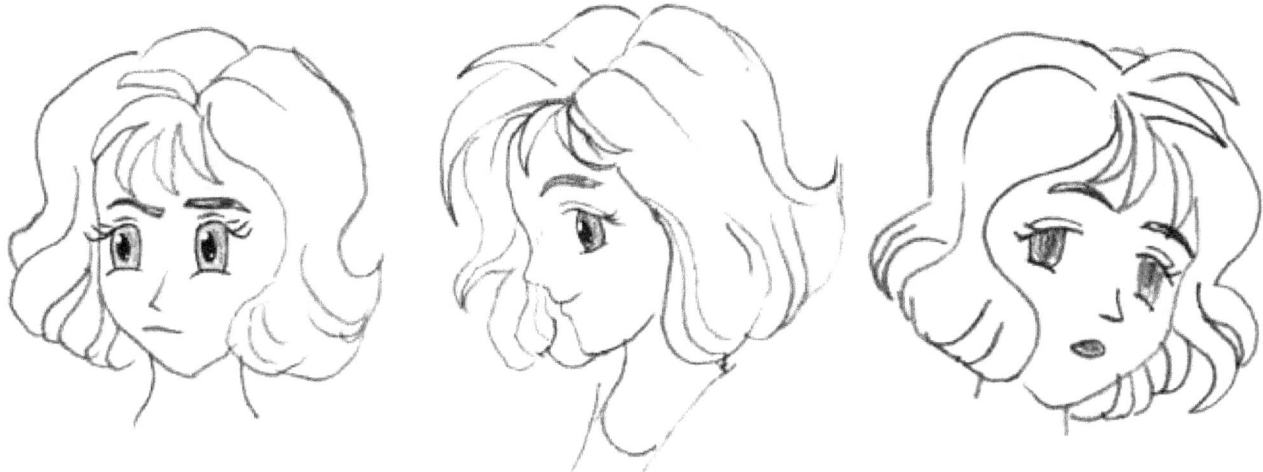

Zuki: Chica aplicada, de buenos modales, pelo corto con hondas y pollina.

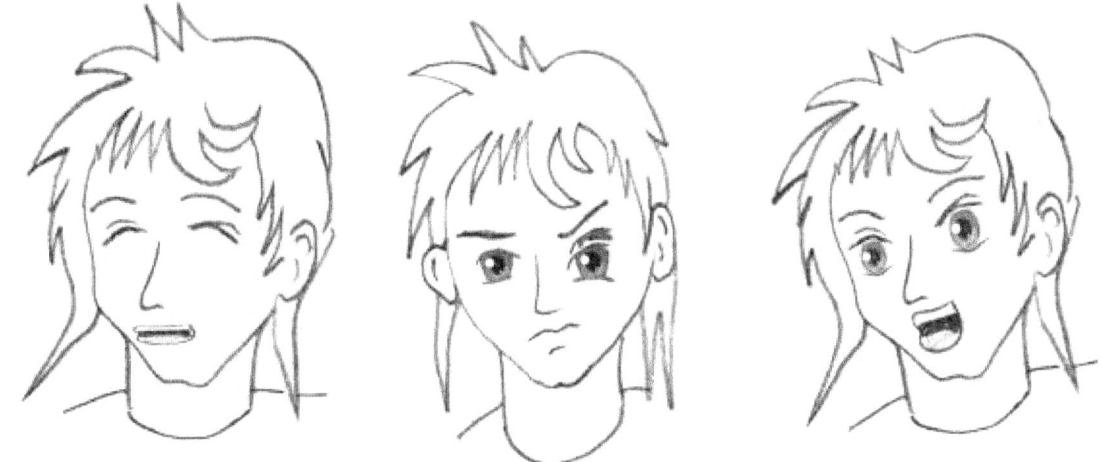

Haruto: Chico de familia acomodada, de pelo alborotado y malhumorado.

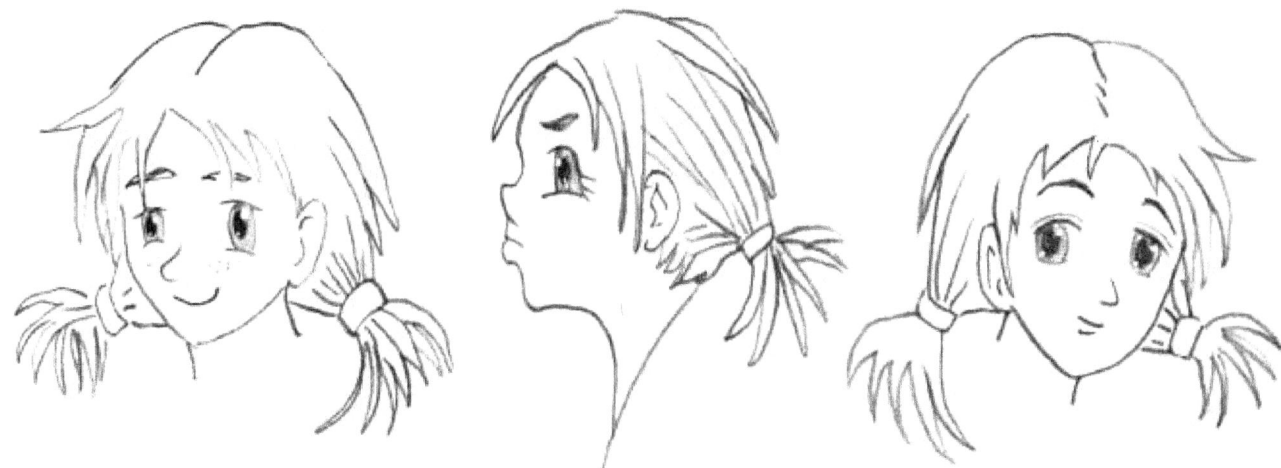

Kazuki: Pequeña de singular inocencia, alegre, campechana y divertida.

Ejemplos de Ojos

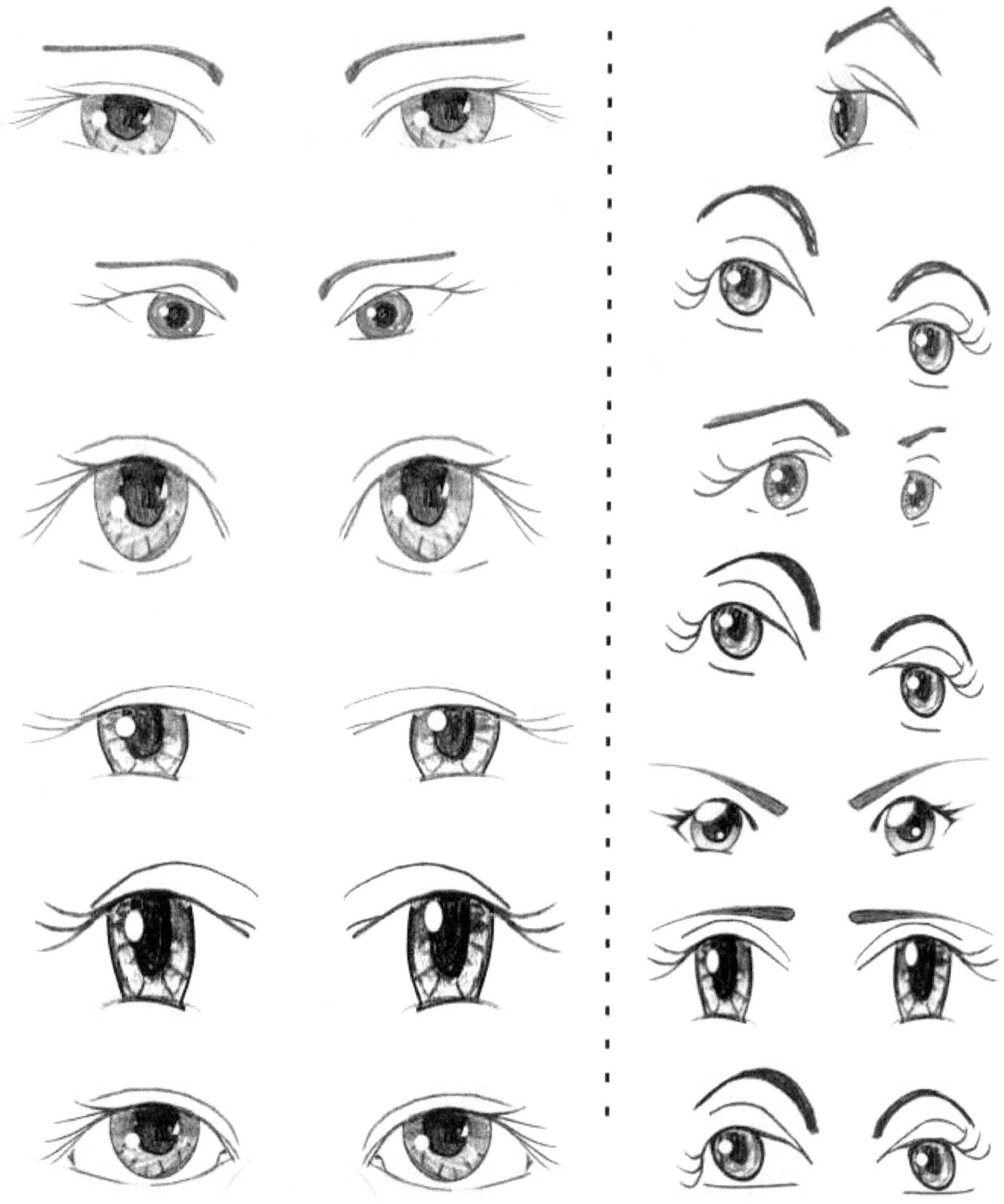

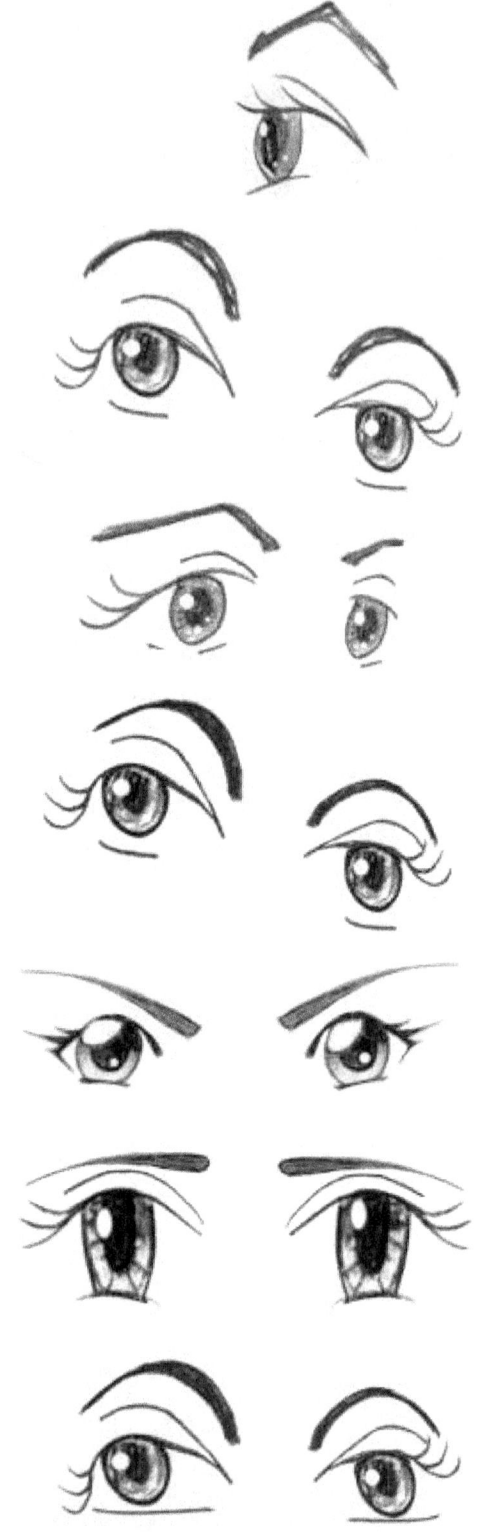

Ejemplos de Manos y Pies

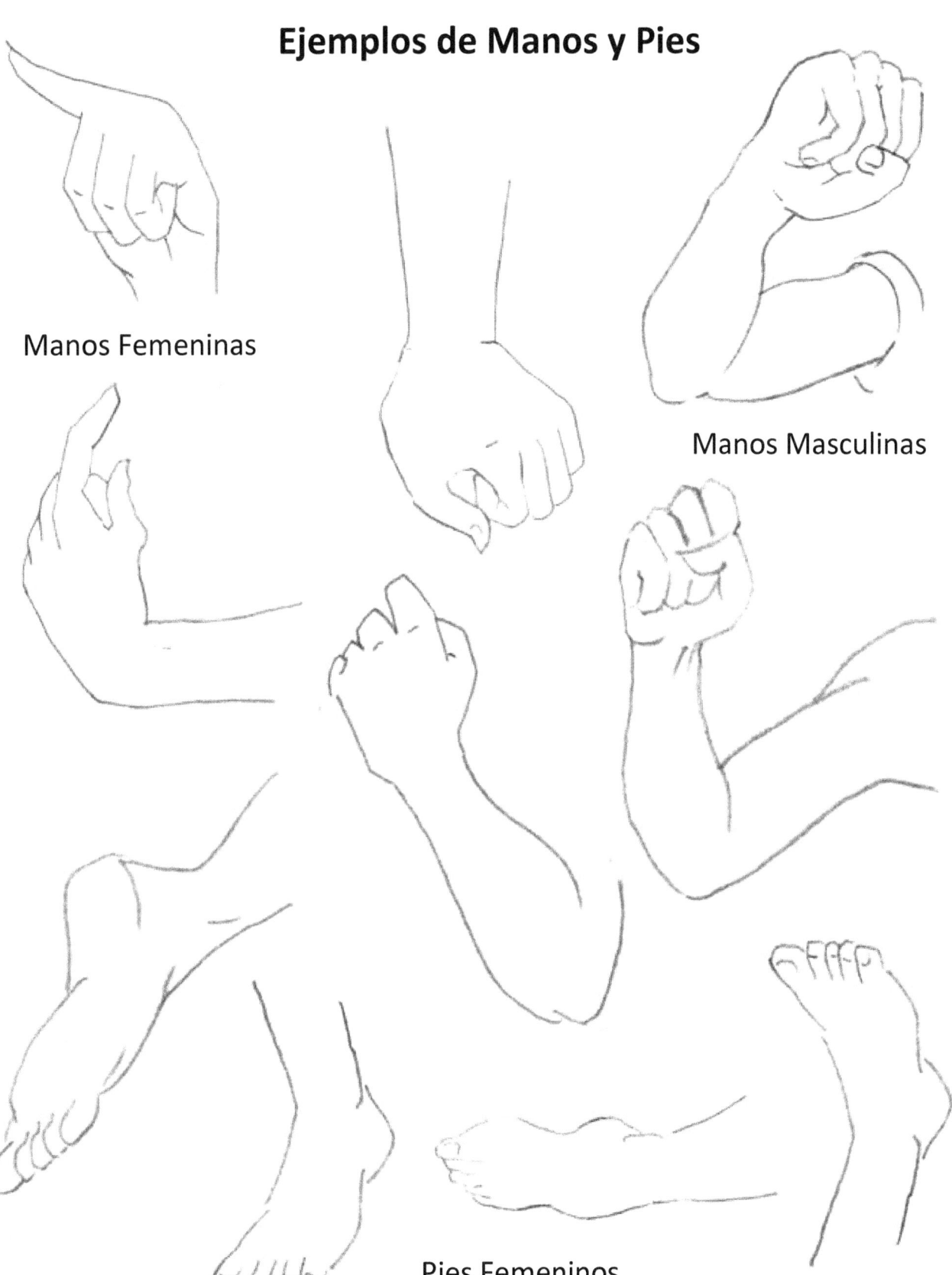

Manos Femeninas

Manos Masculinas

Pies Femeninos

Ejemplos de Cabello para Chicas

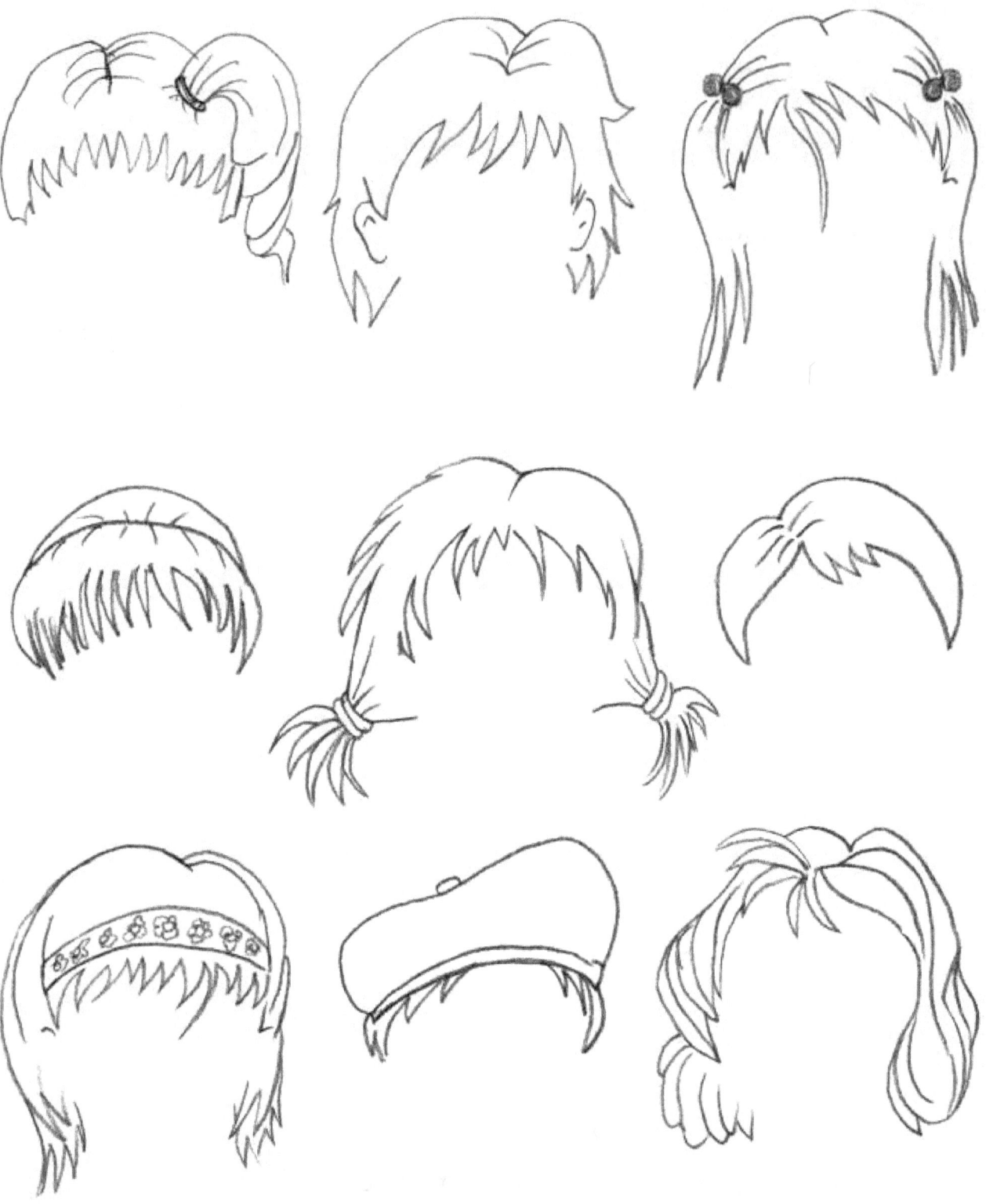

Ejemplos de Cabello para Chicos

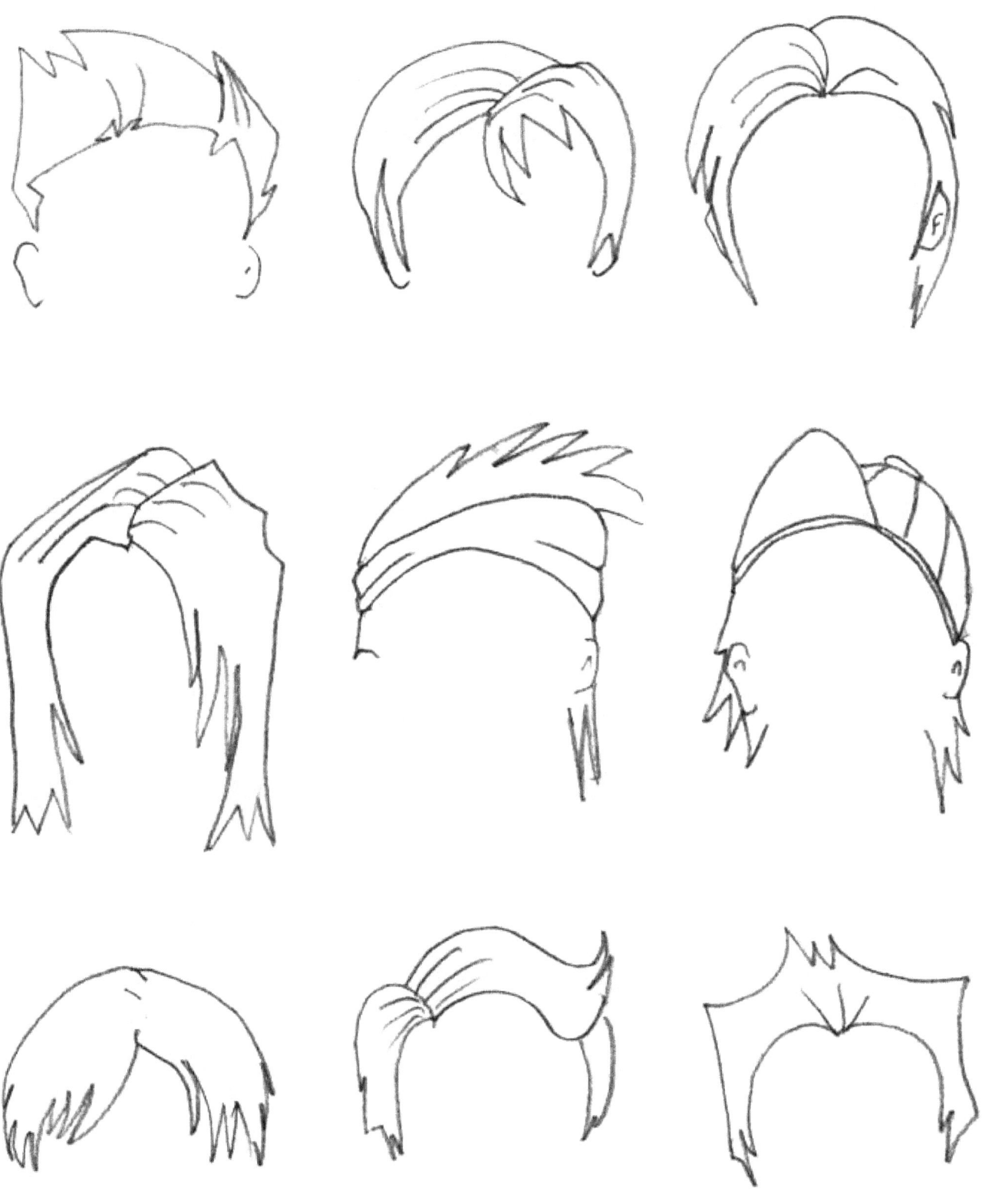

Proporciones de Cuerpo Humano

Debes dibujar tus personajes pensando en la estatura apropiada para su edad y como se verán estos cuando estén juntos en un mismo escenario de acción. La gráfica a continuación te muestra la relación proporcional en función de la edad y la altura de los personajes.

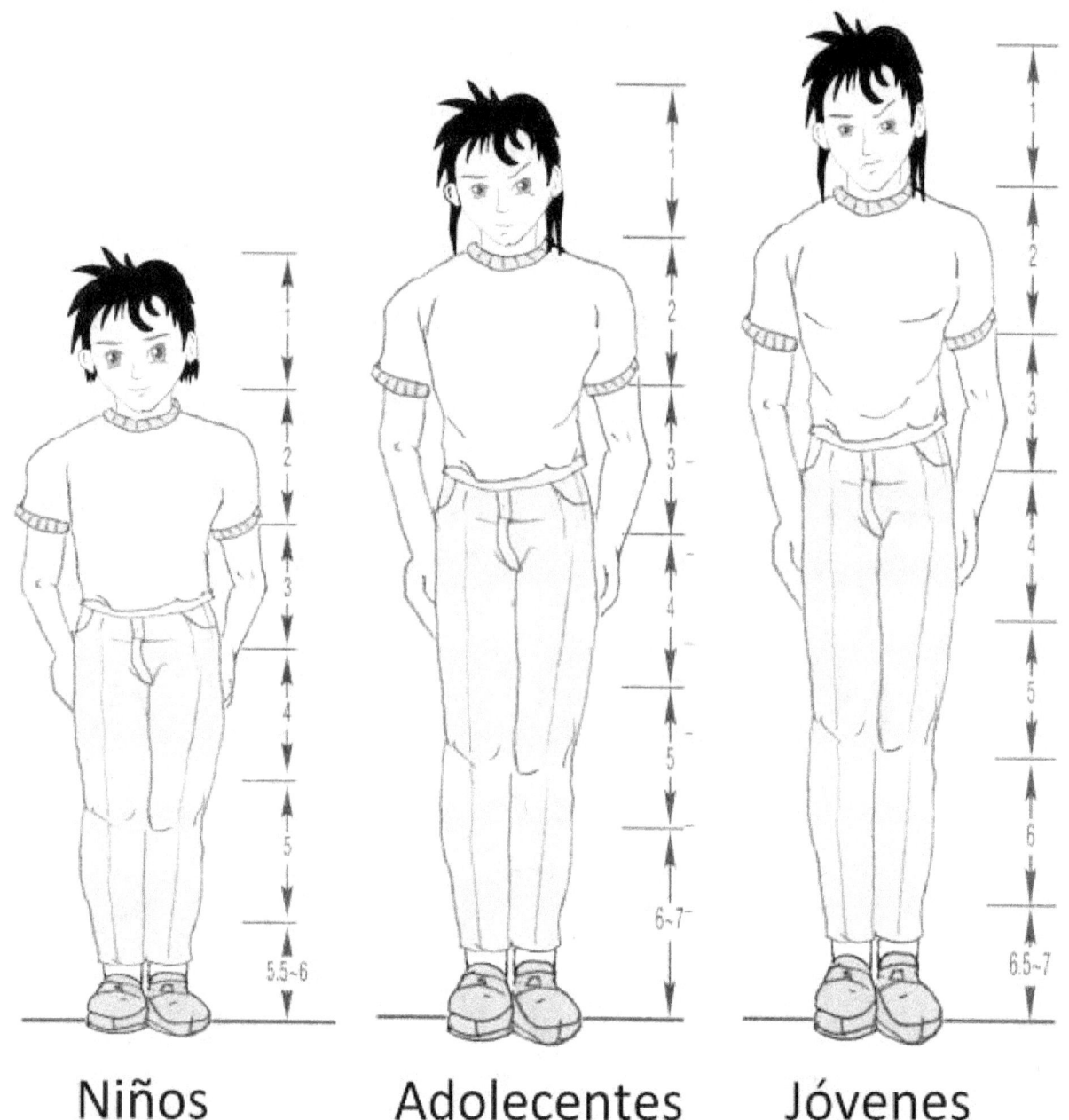

Niños
1:5 Relación de la Cabeza con el Cuerpo

Adolecentes
1:6 Relación de la Cabeza con el Cuerpo

Jóvenes
1:7 Relación de la Cabeza con el Cuerpo

Fondos y Escenarios

Luego que domines dibujar tus personajes, debes pensar en los escenarios donde quieres que aparezcan. Un escenario es el fondo necesario para situar el desarrollo de la historia que quieres contar con tus personajes, casi siempre resulta difícil para el dibujante. Esa decisión se la dejamos al libretista, lo nuestro es dibujar y acomodar sus ideas. A continuación te presento unos cuantos fondos que te auxiliarán para crear tus propios escenarios. Algunos son de múltiples usos, pero puedes crear unos de usos específicos como habitaciones interiores, oficinas, etcétera, de acuerdo a tus protagonistas. Algo muy importante al crear tus escenarios es aplicar las reglas de perspectiva, si necesitas ayuda para ello te recomiendo el Volumen #5 *"Descubre la Perspectiva"* de esta colección.

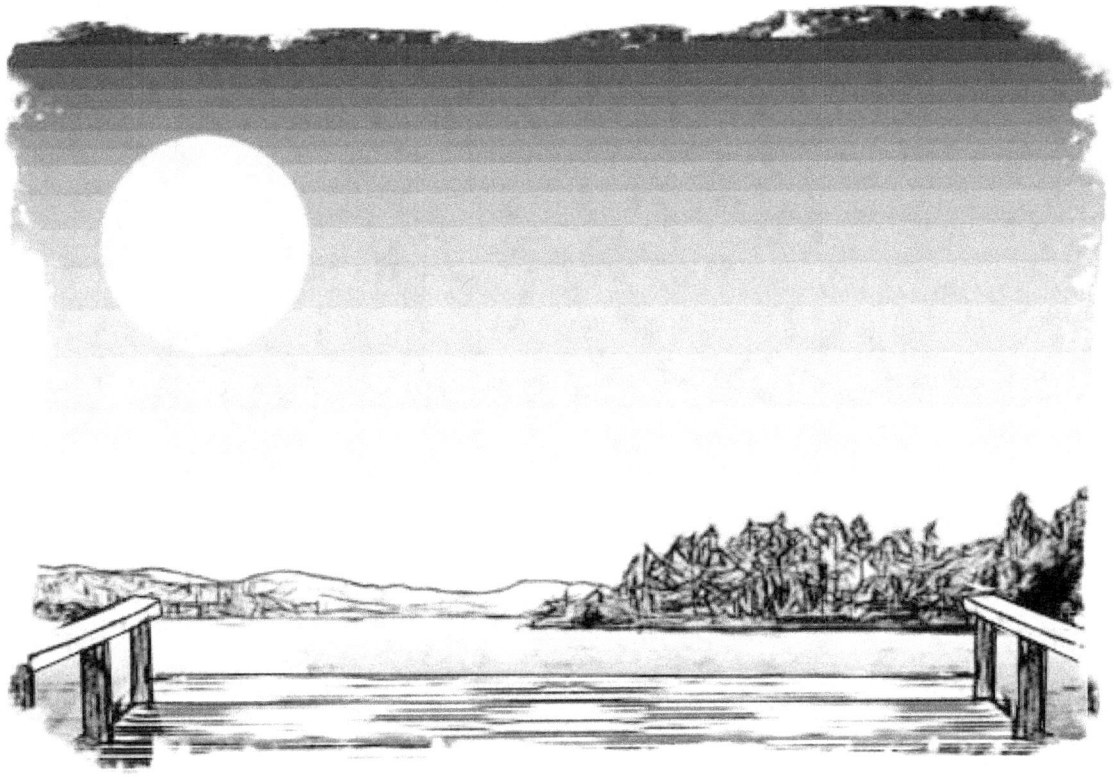

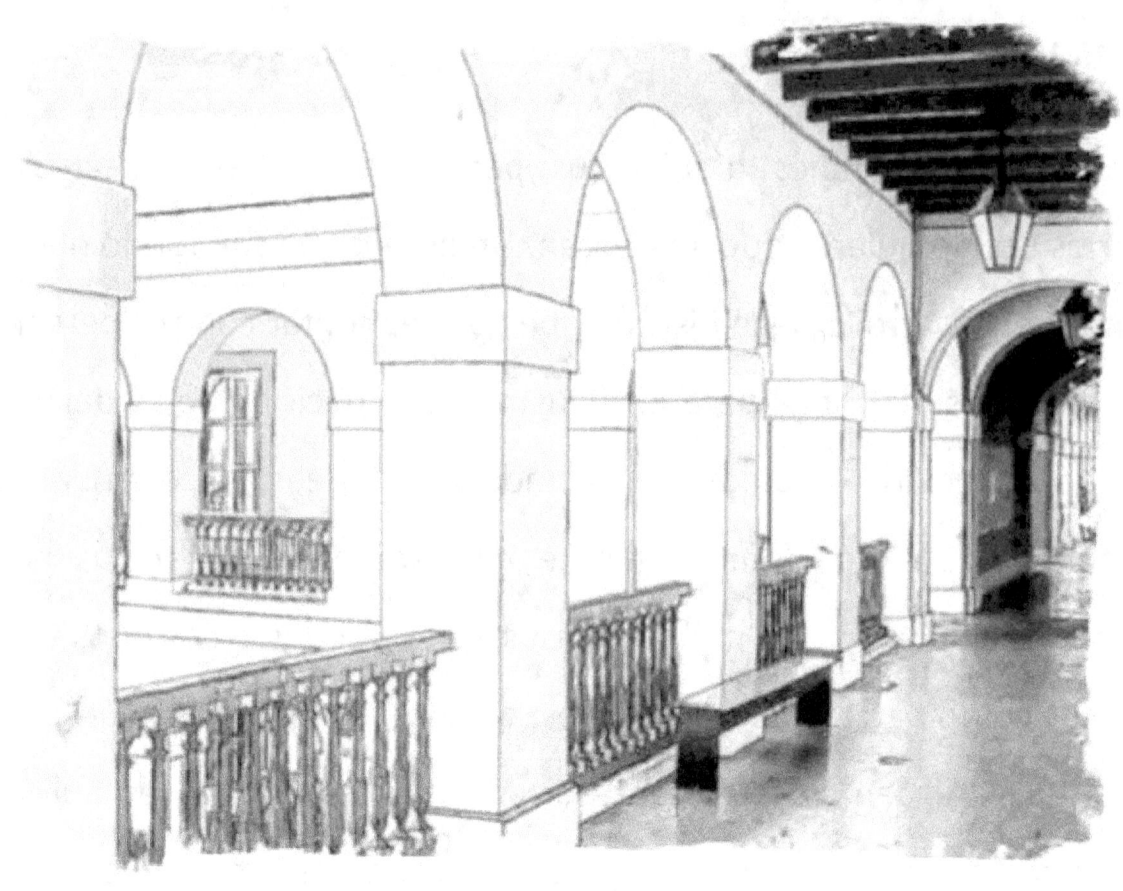

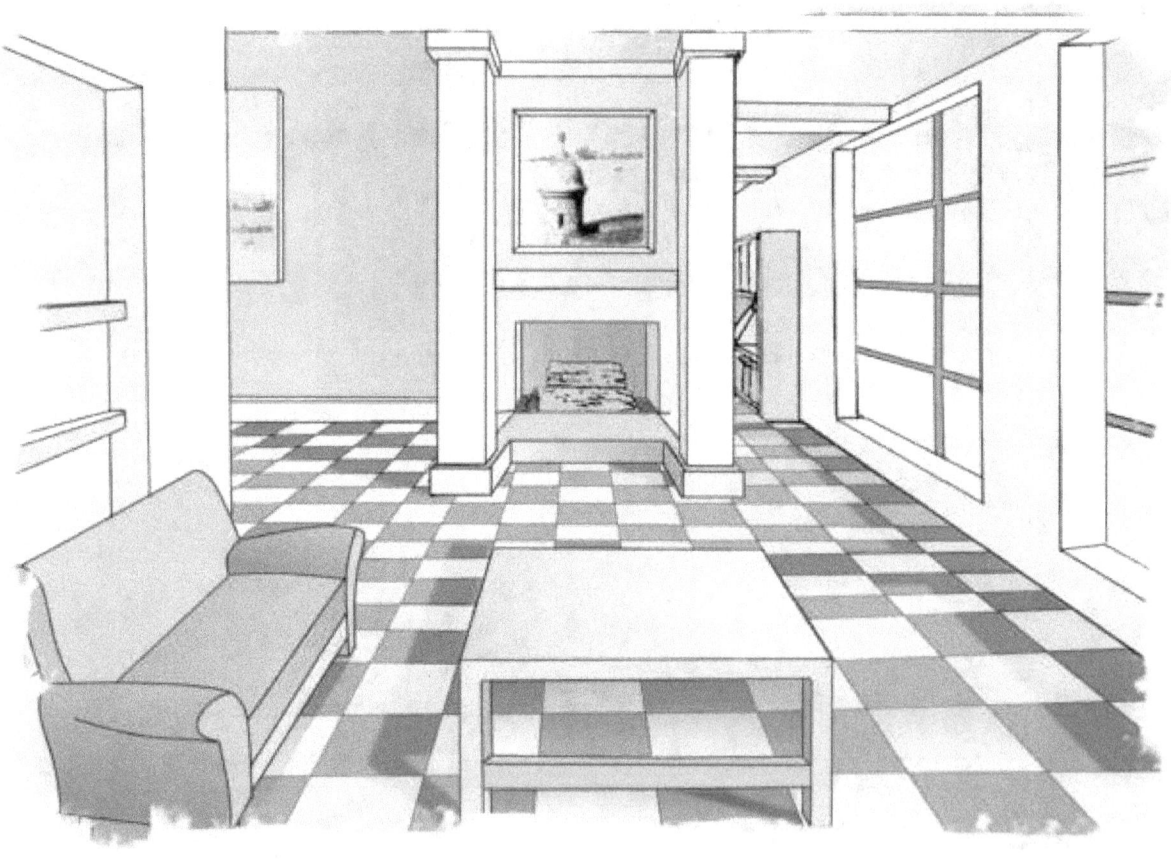

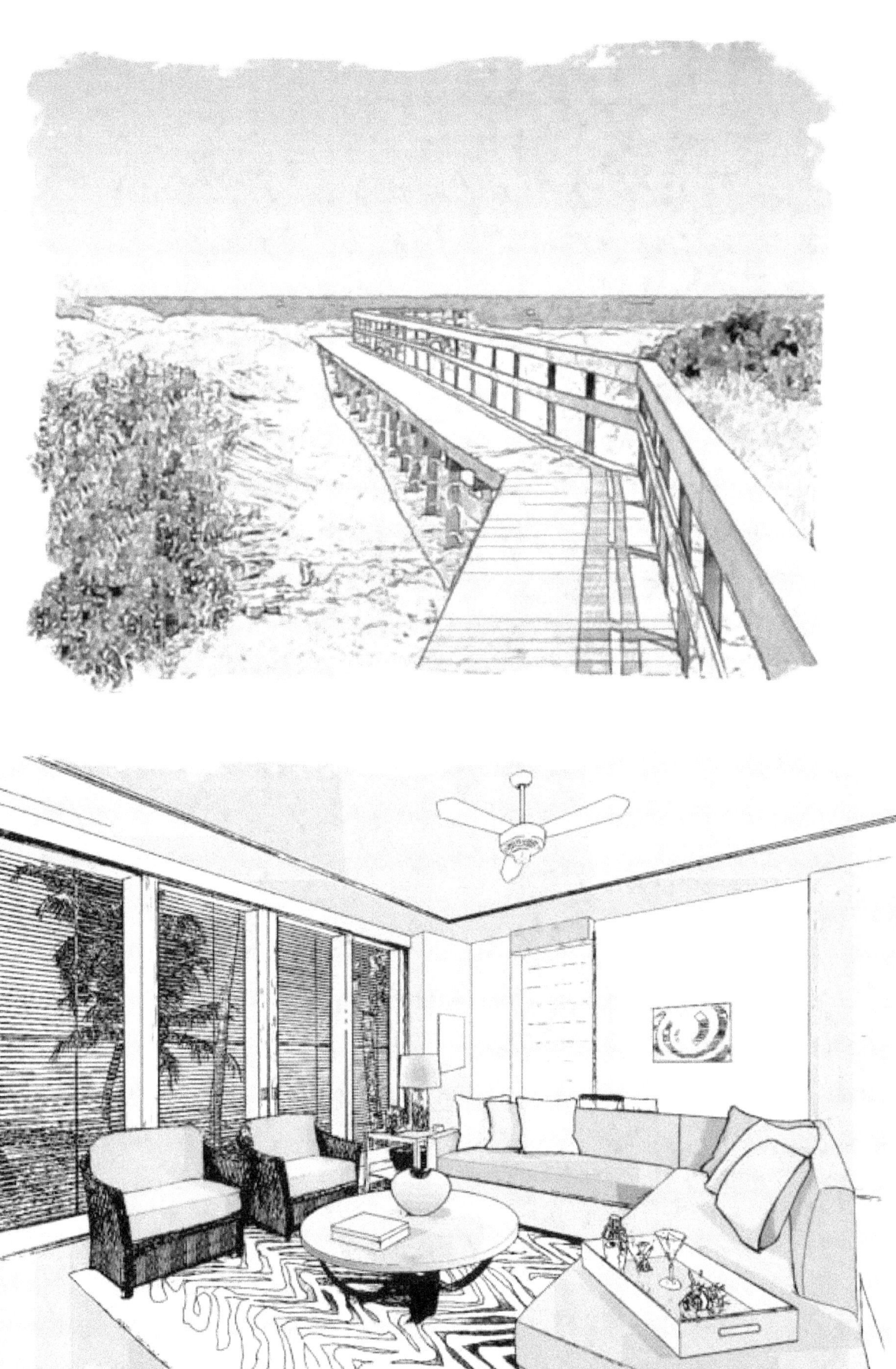

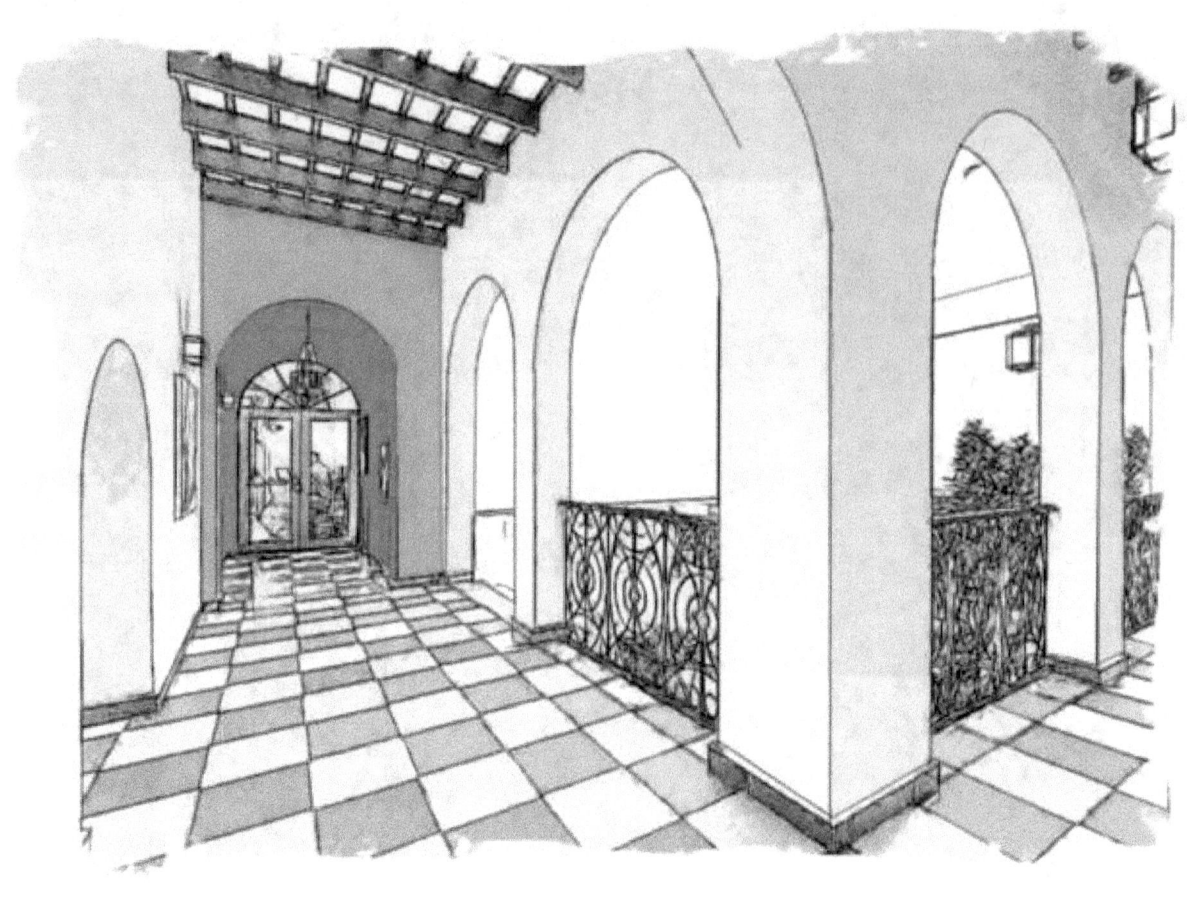

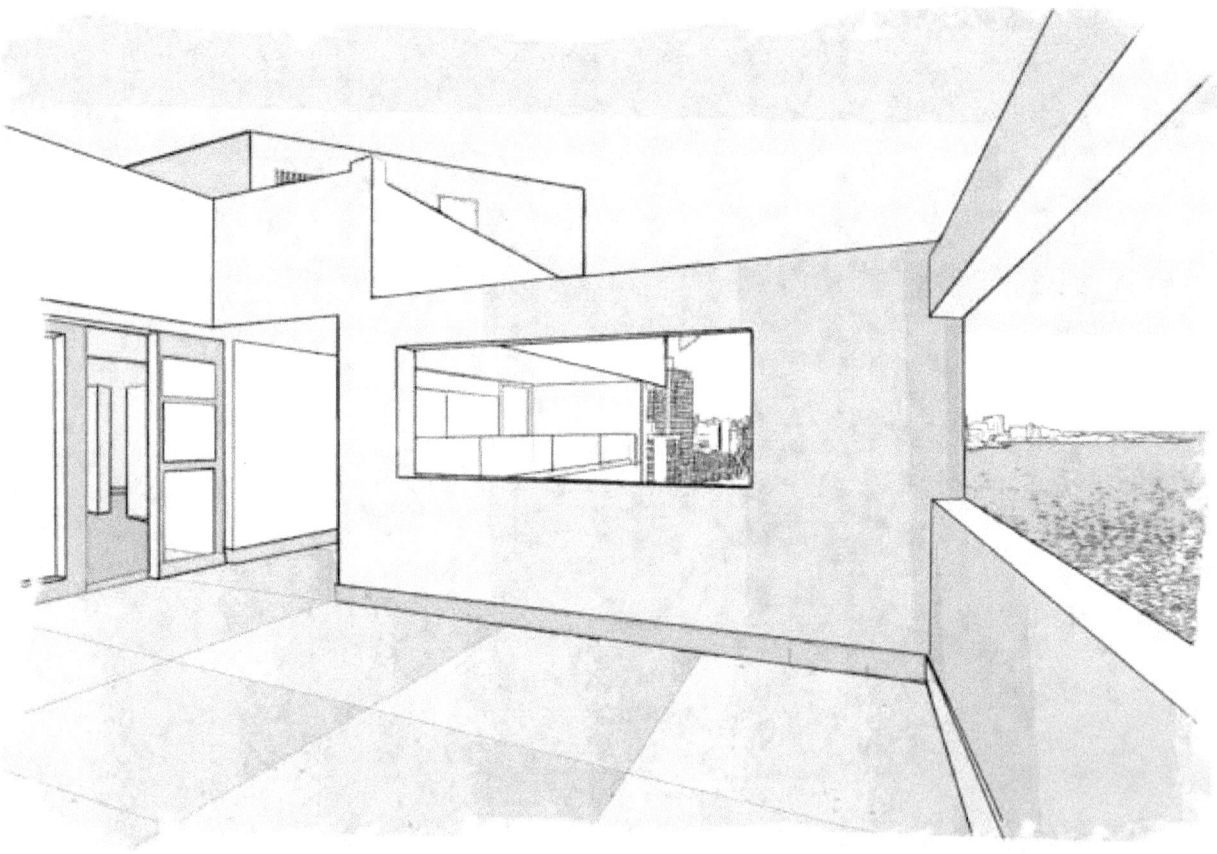

Terminaciones Colores o Claroscuro

Los objetos adquieren un volumen tridimensional en el ambiente de la naturaleza y este efecto se reproduce en la ilustración de comics en blanco y negro y a color. Este efecto es producido por la luz que los ilumina y por las sombras que proyectan. Para ello lo más importante ahora es aprender a valorizar de forma gradual las intensidades de la luz y de las sombras en tonalidades de grises.

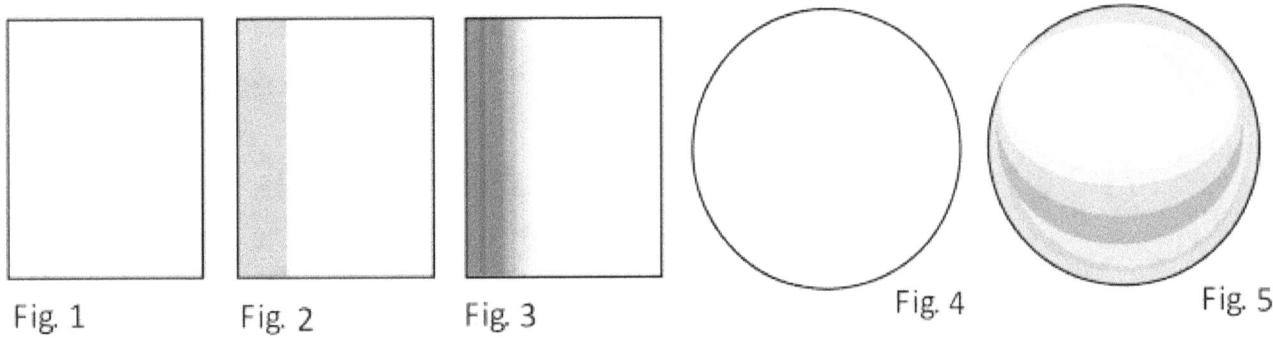

Fig. 1   Fig. 2   Fig. 3   Fig. 4   Fig. 5

La sensación de relieve se logra con el claroscuro o sea mediante el juego de luz y sombra. Todo volumen produce sombras. Observa las ilustraciones anteriores, la figura 1 y 2 representan dos rectángulos iguales. En la figura 2 he trazado ligeramente una leve sombra acentuada hacia el lado izquierdo. Fíjate como comienza a ganar volumen. El efecto es más notable en la figura 3 donde existe un blanco limpio y un negro solido con una suave transición de la luz a las medias tintas y a la sombra. En la figura 4 ves un círculo que por el efecto del claroscuro o la aplicación de sombras se transforma en una esfera en la figura 5. Cuando dibujes claroscuro, busca primero dónde está la luz más intensa y donde la sombra más oscura.

Recuerda, todo volumen se manifiesta por su sombra. La sombra tiene una forma que responde al volumen que representa, no es una mancha sin forma.

Sobre tu dibujo de contorno puedes trazar una línea suave que indique la forma de la sombra o medio tono y el tamaño de los espacios y luego procede a cubrir con el tono o gris apropiado.

Con el lápiz es posible conseguir prácticamente todas las gradaciones de grises para reproducir las diversas tonalidades y medios tonos en las sombras.

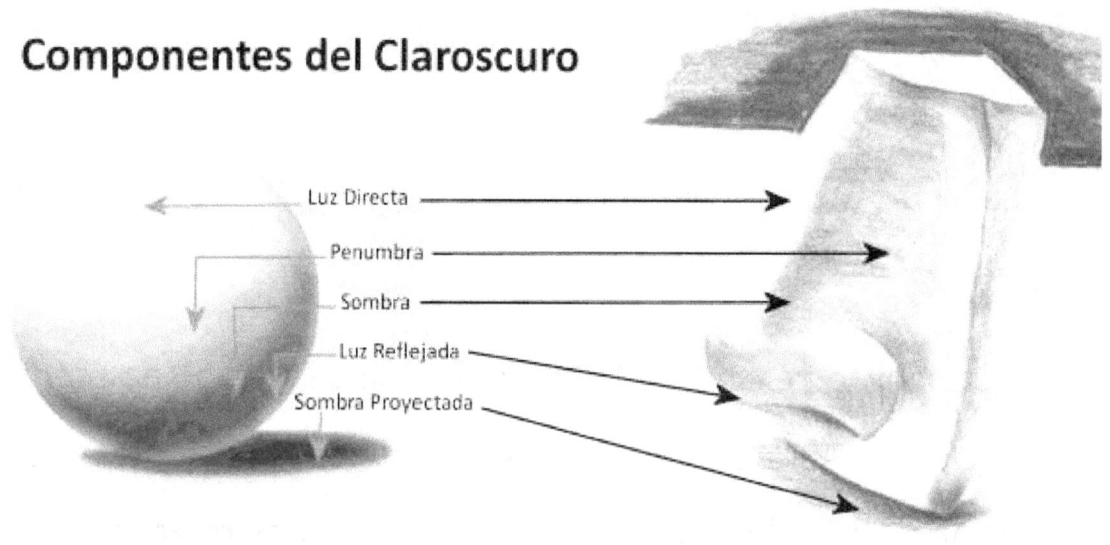

Prepara una escala de valores entre la máxima oscuridad que puedas lograr apretando bien el lápiz o el carboncillo, mientras va disminuyendo la presión va aclarando de forma gradual el valor tonal hasta llegar al blanco del papel que será la luz o lo más claro que podemos dibujar, observa la siguiente escala de valores. Puedes rellenar las formas en tu dibujo con marcadores de agua de diferentes grises *(disponibles para arte gráfico)* o mezclar valores de grises entre blanco y negro con tempera o pintura acrílica.

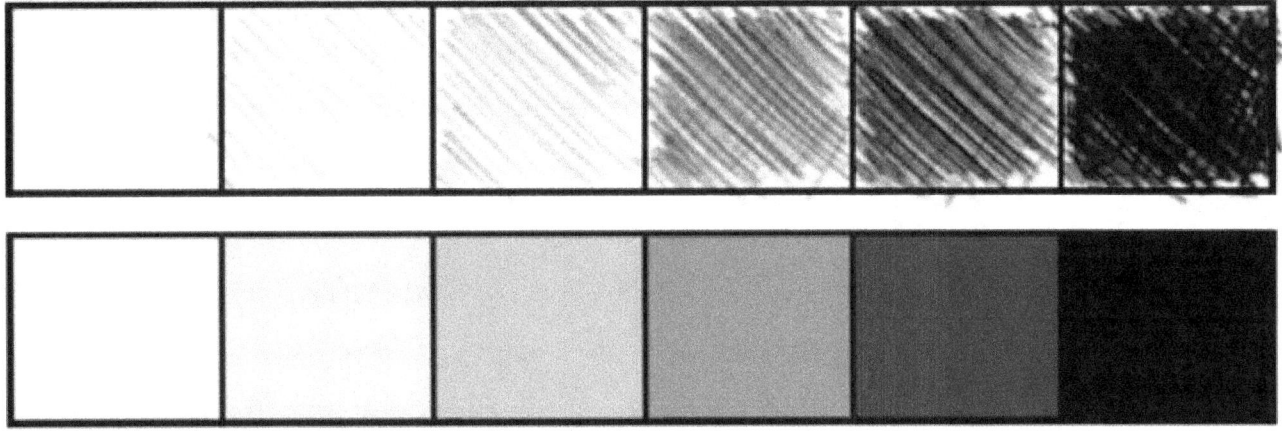

Para un dibujo medianamente efectivo debes conseguir un mínimo de cinco (5) valores tonales para el modelado y conseguir volumen.

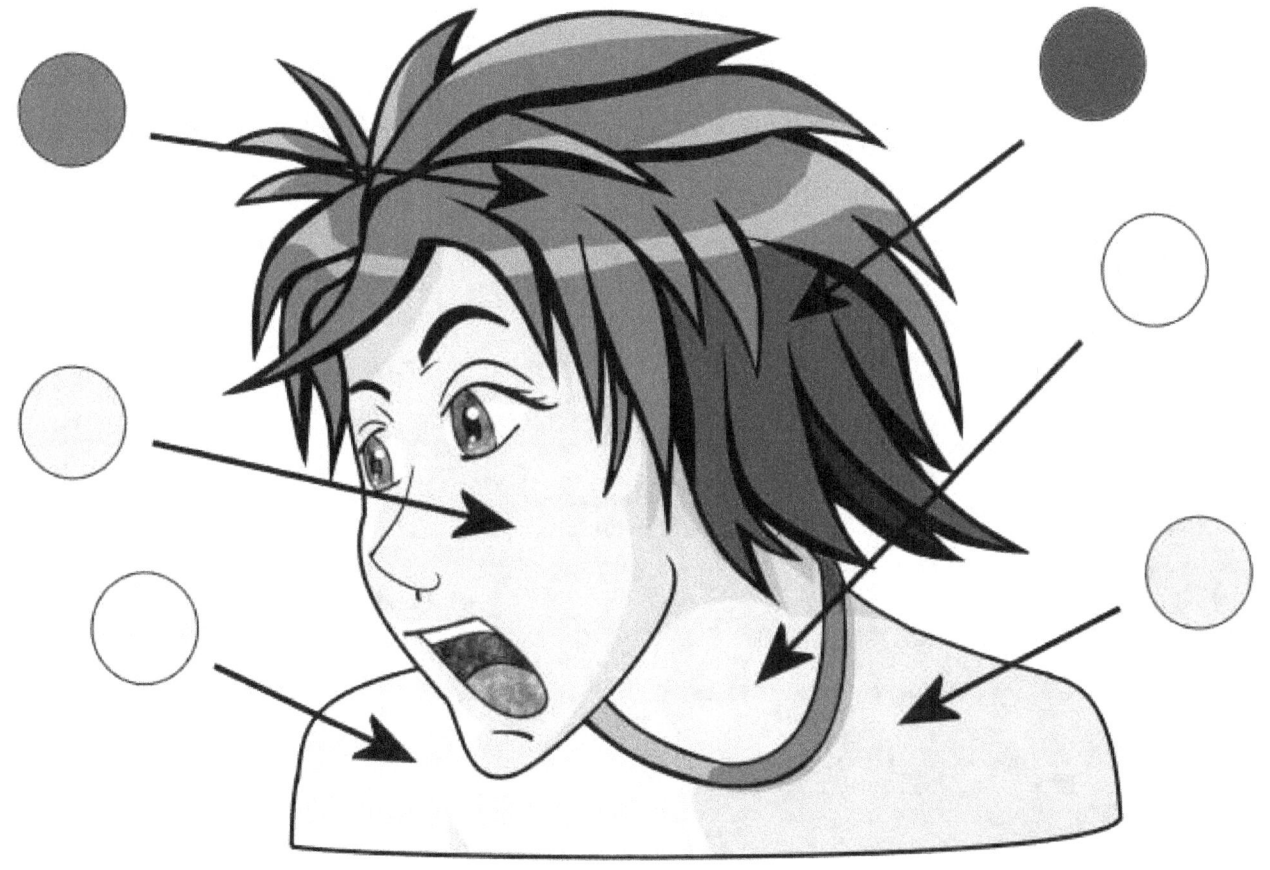

Zasco © 1998-2018 Roland Borges Soto

12 Consejos para tus dibujos manga y anime

1. Si te resulta difícil crear un personaje, piensa en los animes o mangas que hayas visto y combina algunos detalles de su apariencia.
2. Inspírate en un personaje anime o manga, pero ten cuidado de no hacer un duplicado.
3. Intenta dibujar a tu personaje una y otra vez de ángulos distintos.
4. Si vas a crear un personaje para papel, requiere la opinión de tu público.
5. Cuando dibujes tu personaje, no exageres con la vestimenta y accesorios.
6. Para que tu personaje sea único dibujarle algo característico o especial.
7. Practica tu dibujo lo más que puedas.
8. No aprietes mucho el lápiz o no podrás borrarlas luego las líneas guías.
9. No dibujes los ojos demasiado grandes.
10. Asegúrate al dibujar armas que éstas sean lo adecuadamente grandes para que tu personaje pueda defenderse con ellas.
11. Observa a las personas a tu alrededor. Incluso puedes basarte en ellas para crear tu personaje como Narue Boj (*ver página 57*). Dibujar un personaje anime o manga requiere de un conocimiento básico del cuerpo humano, si no tienes modelo usa el maniquí.
12. Con la ayuda del sombreado el dibujo luce con más volumen, debes aplicar el sombreado con una dirección de la luz. Marca las sombras proyectadas debajo del pelo, entre los mechones, debajo del cuello y en la ropa sin exagerar mucho las oscuridades.

Si resuelves consagrarte al mundo del anime o manga, no pierdas la interacción con el mundo real. Recuerda que solo son dibujos de personajes con historias en un mundo de fantasía.

La Perspectiva de la Cabeza Humana

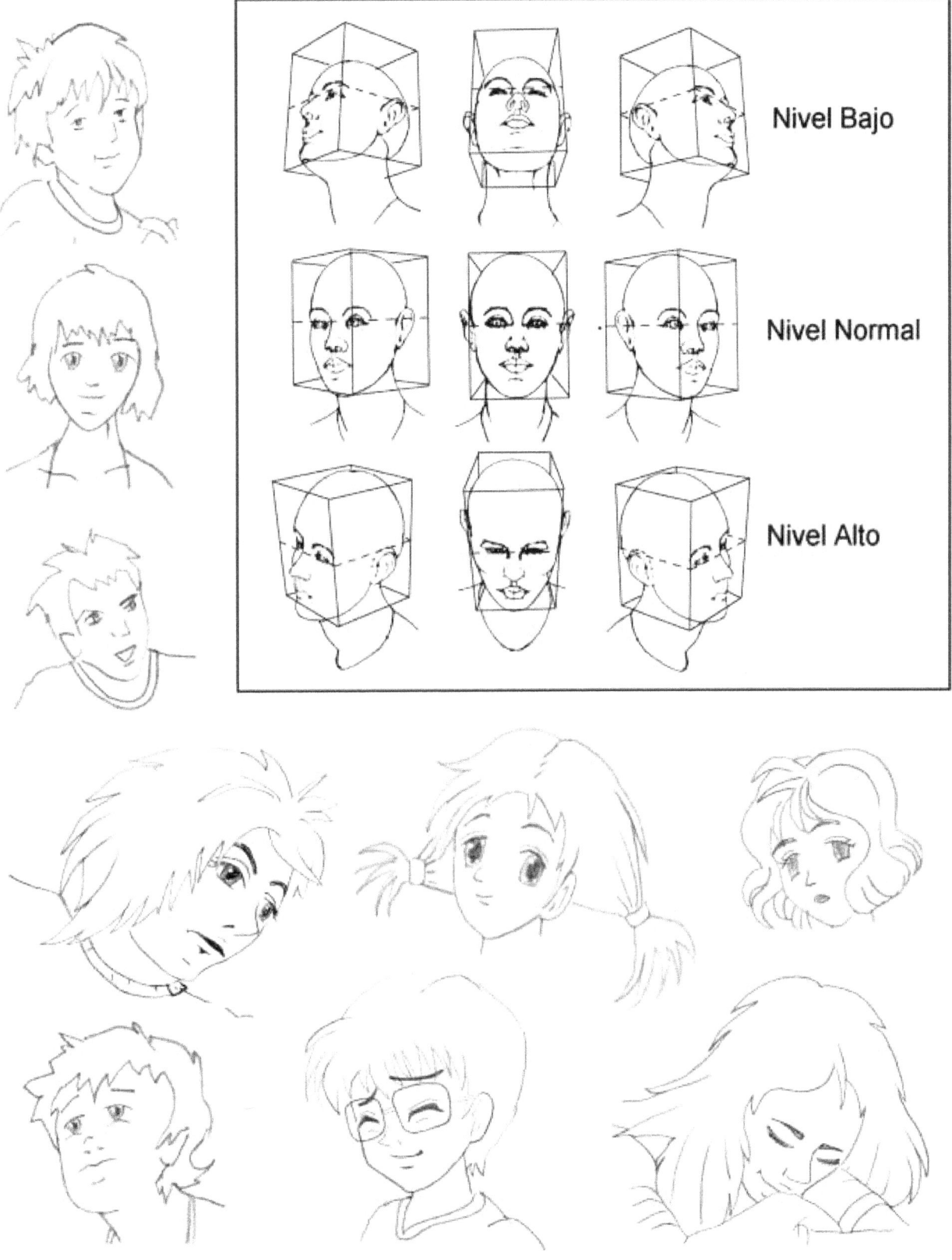

La Altura de tus Personajes de Cerca y de Lejos

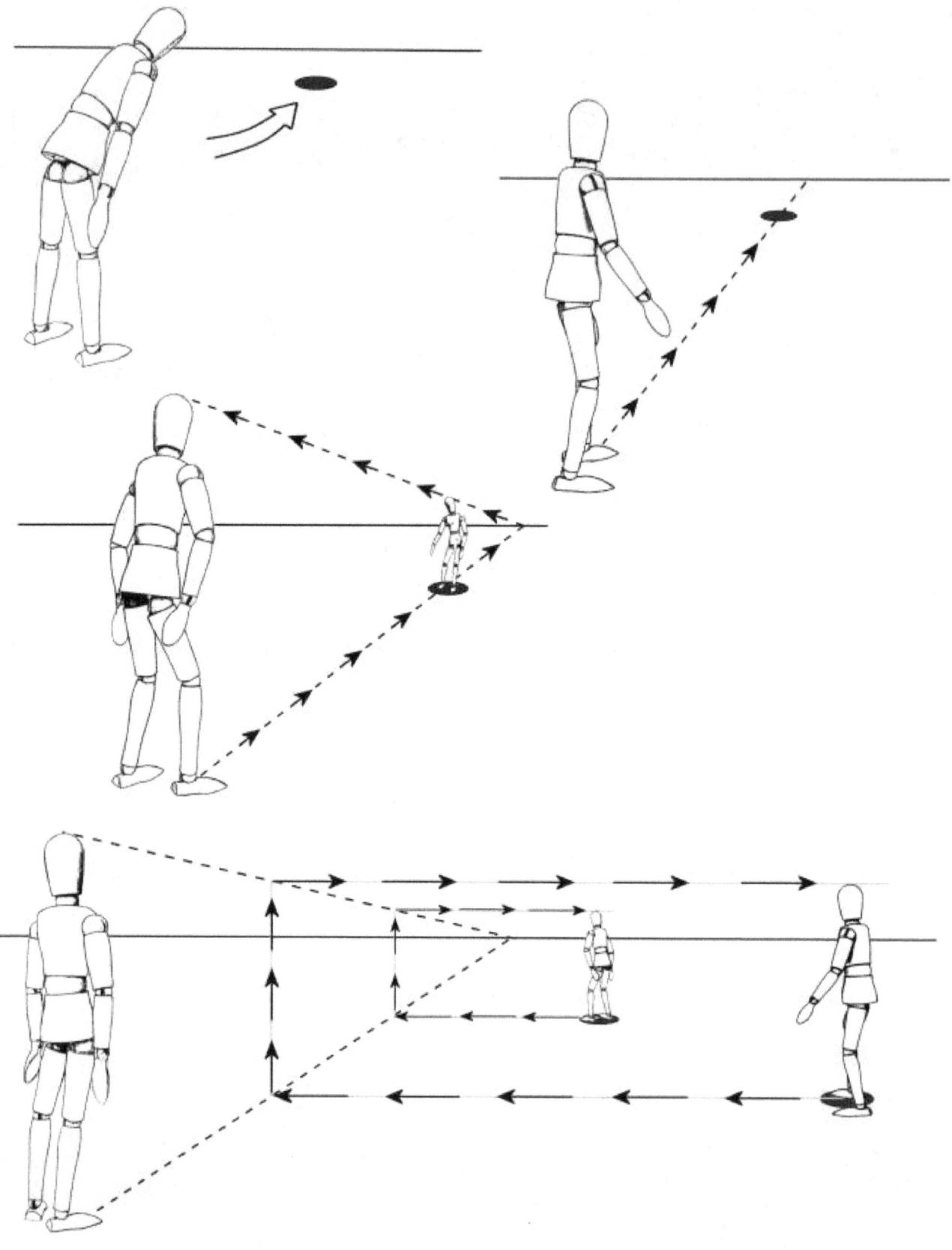

108

Maniquís para las Poses de tus Animes y Mangas

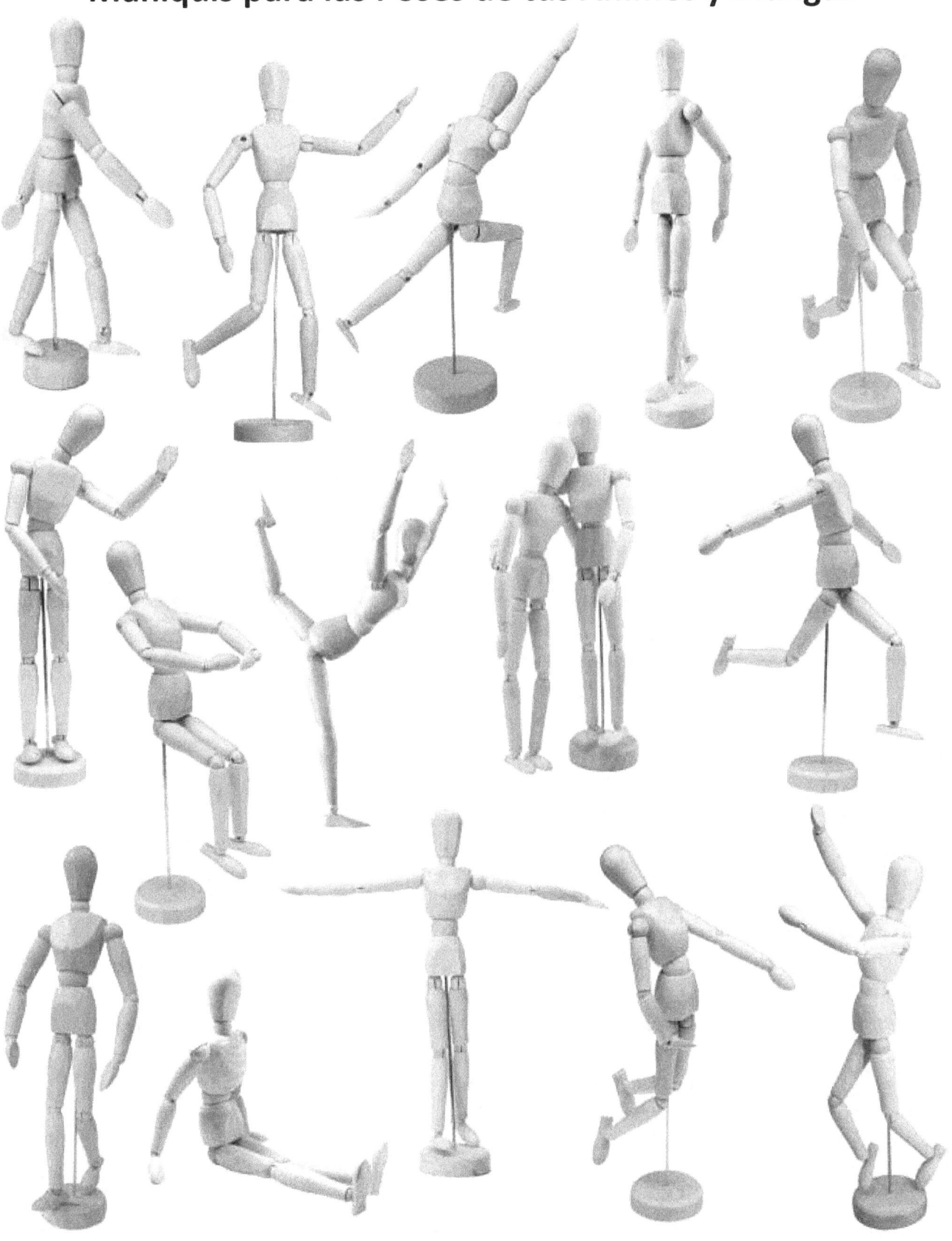

Definición de Términos y Vocabulario

Aditivas	Que se suma o se añade a algo.
Apuntes	Dibujo rápido para no olvidar algún detalle observado.
Boceto	Dibujo simple y rápido de una figura o composición donde se determinan detalles de la forma, las zonas de luz y las zonas de sombra.
Caracterizar	Determinar los atributos y rasgos que distinguen al modelo
Contorno	Forma que recorta o separa al objeto del espacio.
Contraluz	Efecto de luz que se produce cuando la fuente de luz está detrás de la figura o modelo.
Contraste	Equilibrio en la representación de luces y sombras para conseguir un efecto artístico.
Definir	Dibujar con claridad los elementos de una figura.
Dibujo	Trazar o delinear en una superficie imitando la figura de un cuerpo u objeto.
Difuminar	Fundir un color con otro para conseguir una superficie suave y sedosa en la pintura.
Encaje	Encuadre o ajuste del dibujo en el papel.
Entonar	Marcar luces y sombras en la pintura.
Escorzo	Cuando parte del modelo rompe el plano frontal y sugiere profundidad.
Esquema	Líneas simples para acomodar la figura en el dibujo.
Estudio	Observación de los detalles y proporciones de la figura para representarla con mayor exactitud.
Forma	Contorno o superficie externa de un objeto.
Gradación	Efecto por el cual una zona de luz o color se oscurece o aclara gradualmente.
Interno	Hacia la línea media o axial.
Lateral	Relativo o situado a un lado.
Masas	Zonas de color, luz o sombras uniforme.
Medial	Próximo al plano o línea medios.
Neutral	Que entre dos partes que contienen no se inclina a ninguna.
Perfilar	Definir el contorno o reforzar los trazos para destacar una parte en la pintura.
Perspectiva	Recurso para conseguir las tres dimensiones en la pintura.
Plano	Superficie imaginaria que atraviesa o limita en un sentido determinado.
Plano alejado	Zona que más se aleja (*fondo o escenario*) del espectador en la pintura.
Posterior	Situado en la parte de atrás.
Primer plano	Zona más cercana al espectador.
Proporción	Relación de tamaño que existe entre las diferentes partes de la figura o composición.
Proyectar	Orientar los volúmenes de la figura hacia un punto de fuga.
Punto de fuga	Lugar en la que convergen (*se unen*) todas las líneas de proyección de una figura.
Silueta	Contorno o forma externa de una figura.
Sombra	Zona oscura del modelo donde la luz es menos intensa.
Sombra propia	Zona opuesta a la fuente de luz en la figura o modelo.
Sombra Proyectada	Zona de oscuridad que produce una figura al interrumpir la dirección de la luz sobre una superficie.
Trabajar	Elaborar con mucho más detalle y terminaciones en la pintura.
Volumen	Efecto de relieve o tridimensionalidad en la pintura.

Autor

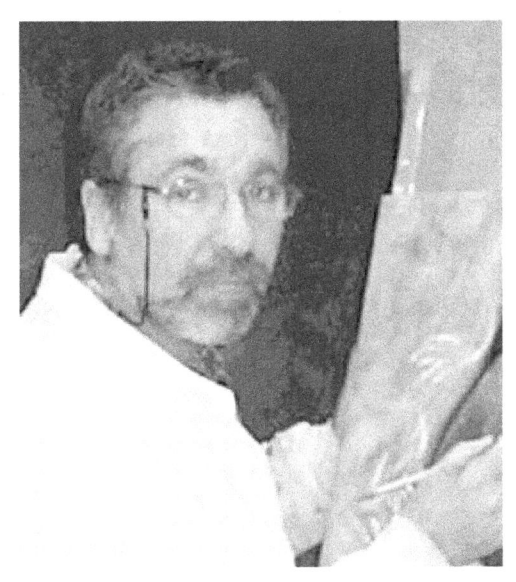

Roland Borges Soto: profesor, escritor, diseñador de multimedios y artista plástico, entre alguna de las muchas cosas en las que se desempeña. Nació en Nueva York de padres puertorriqueños en 1954. A los 9 años cursó sus primeros estudios formales de dibujo.

Obtuvo su Bachillerato en Artes e Historia en 1975 y más tarde una maestría en educación de artes visuales y desarrollo de currículo. Es considerado parte de la tercera generación de artistas puertorriqueños. En 1978 es nombrado miembro honorífico del American Film Institute. Fue homenajeado en una Exposición 'TORREROS' en el Museo del Faro de los Morrillos y proclamado hijo adoptivo de la Ciudad Arecibeña donde fundó en 1980 La Academia y Centro de Arte de Arecibo. En 1996 es nombrado por la Unidad de Escuelas Especializada del Departamento de Educación de Puerto Rico miembro de la Facultad de la Escuela Regional de Bellas Artes. En 2009 se une al Taller Kumbayá donde ofrece tutorías a estudiantes y artistas en formación. En 2016 recibe la medalla de oro por sus ejecutorias como artista y profesor en la celebración de 500 años de Arecibo. Tiene a su haber la producción de numerosas publicaciones digitales para Colección de Puerto Rico y ha estado trabajando activamente en el quehacer cultural como jurado, escribiendo artículos de artes para periódicos, catálogos y revistas entre las que figuran *"El Progreso", "Arte, Artistas y Galerías"* y *"Arte Latinoamericano"*. Entre algunos de sus títulos en artes plásticas más populares encontramos *"Dibuja Aprendiendo a Ver", "Aprende a dibujar el cuerpo humano", "Teoría y Práctica del Color"* y *"Aprende a dibujar Caras"* entre otros libros de la COLECCIÓN *Borges Soto*. Su propuesta más reciente *"Todos Somos Pirata"* es un proyecto multidisciplinario que incluye además de su obra plástica, una instalación conceptual y varios escritos entre los que figura una novela titulada *"Ultimo Pirata del Caribe"* y libros de cuentos ilustrados para niños.

Visita el portal del autor en: http://www.borgessoto.com

Si te agrado este libro recomiéndalo a tus amigos del arte.
Disponible en Amazon.com y Facebook

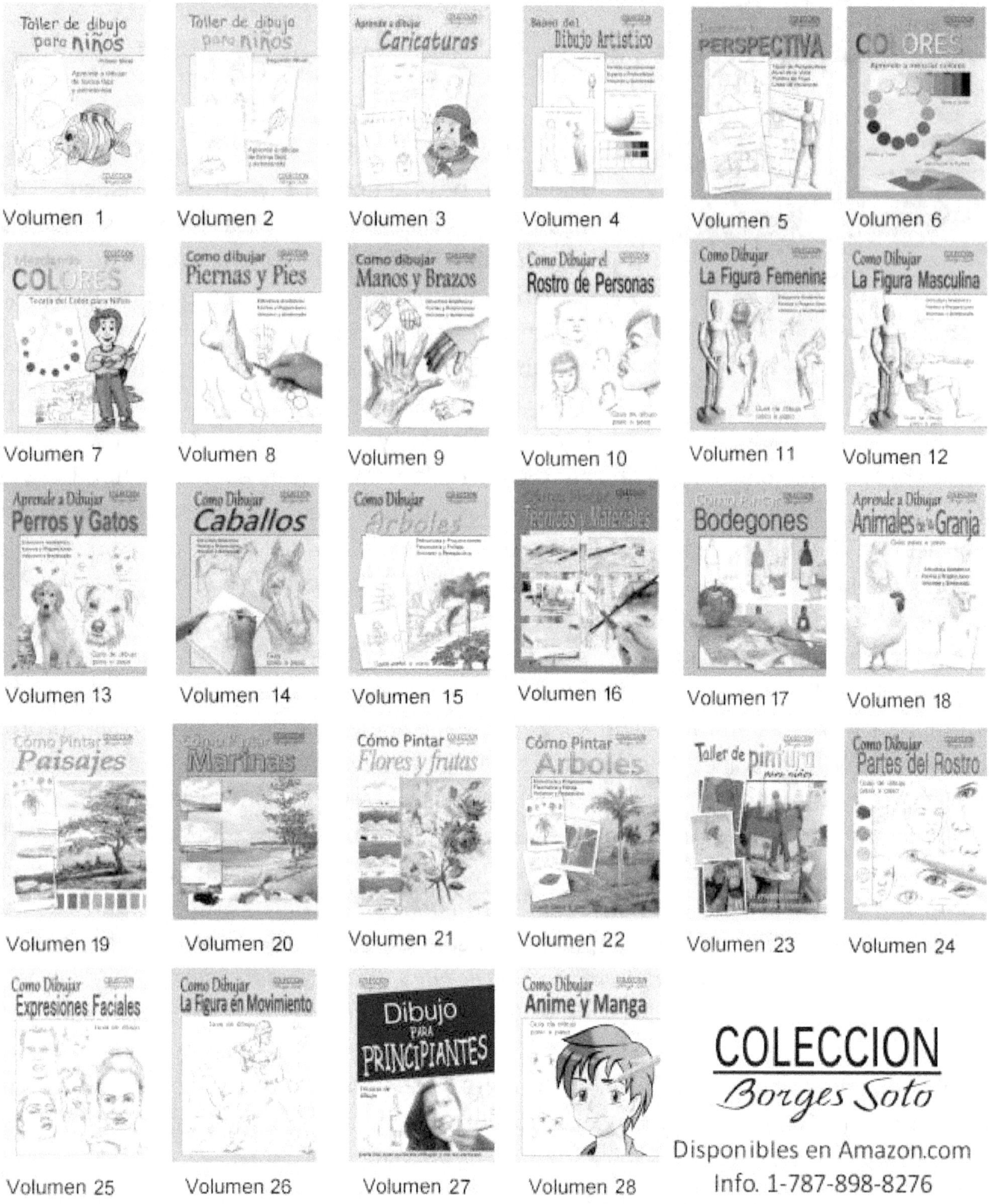

Volumen 1	Volumen 2	Volumen 3	Volumen 4	Volumen 5	Volumen 6
Volumen 7	Volumen 8	Volumen 9	Volumen 10	Volumen 11	Volumen 12
Volumen 13	Volumen 14	Volumen 15	Volumen 16	Volumen 17	Volumen 18
Volumen 19	Volumen 20	Volumen 21	Volumen 22	Volumen 23	Volumen 24
Volumen 25	Volumen 26	Volumen 27	Volumen 28		

COLECCION Borges Soto

Disponibles en Amazon.com
Info. 1-787-898-8276

Bienvenido a una nueva experiencia en la Colección Borges Soto. Todos nuestros libros de arte están cuidadosamente diseñados para ofrecer largas horas de sano entretenimiento y satisfacer la experiencia del aprendizaje.

BUSCANOS EN:

www.ingramcontent.com/pod-product-compliance
Lightning Source LLC
Chambersburg PA
CBHW062355220526
45472CB00008B/1815